LITTLE WOMEN

THE MOVIE ARTBOOK

나의 찬란하고 아름다운
작은 아씨 바이올렛을 위해

—GM

LITTLE WOMEN
THE OFFICIAL MOVIE COMPANION

Book design by Headcase Design
Recipes by Christine Tobin
Photos by Wilson Webb
Photos Edited by Roxy Campos

LITTLE WOMEN

THE MOVIE ARTBOOK

작은 아씨들 무비 아트북

지나 매킨타이어 글 | 전행선 옮김
윌슨 웨브 사진

알에이치코리아

일러두기

— 그레타 거윅 감독의 영화 〈작은 아씨들Little Women〉(2019)은 루이자 메이 올컷의 소설 『작은 아씨들*Little Women*』(1869)을 원작으로 하며, 감독 자신이 밝히고 있듯 원작에 충실한 작품입니다. 영화와 이 책에 사용된 등장인물들의 대사들은, 대부분 소설의 문장을 그대로 사용한 것입니다. 이 점을 감안하여 해당 부분의 번역은 『작은 아씨들』(알에이치코리아, 2020)의 번역을 사용했습니다.

— 배우 티모시 샬라메의 이름 표기는 본래 '티모테 샬라메'로 해야 하나 한국에서 일반적으로 통용되는 표기를 따라주었습니다.

— 옮긴이 주는 별도로 표시해 주었습니다.

Chapter 1

루이자 메이 올컷과 『작은 아씨들』의 유산

※

"I do think that families are the most beautiful things in all the world!"

Jo March

"세상에 가족보다 아름다운 건 없어!"

—조 마치

책상 앞에 앉은 조

하숙집에서 글을 쓰는 조. 조는 탁월한 작가다

모든 최고의 이야기가 그렇듯이, 이 작품도 소박하게 시작되었다. 매사추세츠주 콩코드에 있는 허물어질 듯 낡은 집의 2층, 침실 창턱의 붙박이 수제 책상에서. 1600년대에 지어진 이 집은 1857년, 교육·사상가인 아모스 브론슨 올컷Amos Bronson Alcott이 가족을 위해 구입할 때도 이미 상태가 매우 좋지 않았다. 그러나 세계에서 가장 사랑받는 문학작품 중 하나가 바로 이 허름한 집에서 탄생했다.

루이자 메이 올컷Louisa May Alcott의 반쯤 자서전적인 소설 『작은 아씨들, 또는 메그, 조, 베스, 그리고 에이미*Little Women, or, Meg, Jo, Beth, and Amy*』는 1868년에 출판되자마자 즉각적으로 선풍적인 인기를 끌었으며, 출판 후 150년이라는 기간 동안 단 한 번도 절판되지 않았고, 50개국 이상의 언어로 번역되었다. 2016년에는 『타임*Time*』의 '역대 베스트 청소년 도서 100'으로 선정되었고, 수십 년간 최고의 고전으로 꼽히고 있다. 일부 보도에 따르면 1천만 부 이상 판매되었다고 한다.

올컷이 애정을 담아 묘사한, 『작은 아씨들』의 마치 가족이 보여준 19세기 뉴잉글랜드에서의 삶은 여전히 전 세계 독자를 사로잡고 있다. 그들의 살림살이는 소박하지만, 집 안에는 사랑이 흘러넘친다. 메그, 조, 베스, 에이미 자매는 동경하는 어머니, 마미Marmee(「뉴욕 타임스New York Times」에 실린 편집장에게 보내는 독자의 편지에 따르면, 올컷이 살았던 1860년대 당시 'Mommy(엄마)'의 콩코드 지방 방언이라는 설이 있다.-옮긴이)와 함께 산다. 남북 전쟁이 일어나 아버지가 군의 부름을 받아 참전하고, 집안 형편이 기울면서 남은 가족은 궁핍한 생활을 하게 된다. 그렇지만 이들의 삶은 충만하고 행복할 뿐 아니라, 상호 존경과 존중, 서로의 존재를 통해 얻는 위안으로 든든하다.

『작은 아씨들』은 마치 자매들의 삶에서 핵심이 되는 청소년기부터 성인기까지의 시간을 상세히 다루었다. 올컷은 자신의 많은 경험을 책 속에 녹여 넣었다. 글쓰기에 열정을 쏟으며 자기 삶의 자율성을 잃게 될까 두려워 절대로 결혼하지 않겠다고 맹세하는, 고집 세고 사내아이 같은 소녀 조의 모델이 바로 작가 자신이다. 올컷의 자매 애너, 리지, 메이도 제각기 훌륭한 캐릭터인 조의 자매들을 창조하는 데 영감을 주었다. 마치 집안의 소녀들처럼, 올컷의 자매들도 애비게일Abigail 또는 "아바Abba", 즉 그들이 "마미"라고 불렀던 어머니를 숭배했다.

그들의 아버지, 브론슨 올컷은 좀 더 복잡한 인물이었다. 그는 평등에 대한 진보적 이상을 지지했고, 초월주의 운동(19세기의 미국의 사상 개혁 운동. 자기 자신의 본능과 생각을 따르는 '자기 신뢰Self-Reliance'와 독립성을 강조했다.-옮긴이)에 있어 핵심적인 목소리를 낸 작가 랠프 월도 에머슨Ralph Waldo Emerson과 헨리 데이비드 소로Henry David Thoreau와 긴밀한 우정의 관계를 유지했다. 브론슨 올컷은 가족을 데리고 서른 번 넘게 이사 다니면서 거의 유랑하는 듯한 삶을 살았다. 그는 또한 단기 유토피아 공동체인 프루트랜즈Fruitlands를 설립하기도 했는데, 그곳 주민들은 찬물로 목욕하고, 오직 땅 위로 자라나는 채소만을 먹었다. 공동체는 1년도 채 되지 않아 무너졌지만, 그 후 브론슨은 돈벌이가 되는 일자리는 찾지 않기로 함으로써 가족을 심한 궁핍에 빠뜨렸다.

이러한 상황 속에서 올컷은 A. M. 바너드A. M. Barnard라는 가명으로 선정적인 소설을 쓰기 시작했고, 그것을 지역 주간 간행물에 판매해(작품 중 하나는 『폴린의 열정과 형벌*Pauline's Passion and Punishment*』이었다) 가족들에게 절실했던 수입을 가져다주었다. 그러던 중 마침내 출판사가 "소녀들을 사로잡을 만한 작품을 써보라고" 올컷에게 제안했다. 올컷의 가족이 많은 자료를 제공할 만한 주제였다. 올컷은, "나는 내 자매들 이외의 다른 소녀들은 좋아하지도 않았고, 친하게 지내지도 않았다. 우리 자매들의 희한한 연극과 경험이 어쩌면 흥미로운 소재가 될지도 모르겠지만, 사실 그것도 좀 미심쩍기는 하다"라고 말했던 것으로 전해진다.

『작은 아씨들』의 막이 오른다. 마치 자매들이 아버지 없이 지내는 첫 크리스마스를 준비하면서 저녁 어스름 속에서 뜨개질을 하고 있다. 가족의 궁핍한 상황 탓에 어쩔 수 없이 가정교사 일을 구한 열여섯 살 장녀 메그의 슬픔에 젖어 "불만에 찬 목소리"가 들려온다. 열다섯 살의 조(조세핀)도 마찬가지로 짜

하숙집에 들어가는 조

그레타 거윅 감독과 연기할 장면에 관해 상의하는 시얼샤 로넌(조)

증이 나 있다. "책벌레"인 조는 자신이 남자가 아니라 전쟁터에 나가 싸울 수 없다며 한탄한다. 조숙한 평화주의자인 열세 살 베스는 설거지가 손을 거칠고 뻣뻣하게 해 피아노 연습을 방해하니 아마도 세상에서 제일 힘든 일인 것 같다고 말한다. 열두 살인 막내 에이미는 전적으로 불만족스러운 자신의 코와 정말 필요한 색연필을 살 수 없다는 점에서 자기만큼 억울한 사람은 없을 거라고 믿는다.

마치 자매들 사이에 수시로 애정 어린 싸움이 벌어진다 한들, 서로를 향한, 어머니를 향한 맹렬한 충성심은 절대 흔들리지 않는다. 하지만 조의 맹렬함이 자매들 중에서도 가장 확고할 것이다. 마치 가족 중 조가 문명사회의 규칙을 지키는 데 가장 관심이 없다. 조는 자신의 서재로도 사용하는 다락방에 틀어박혀 격렬한 연극을 창작하거나, 글을 쓰면서 시간을 보낼 수 있기만을 갈망한다. 조는 집 맞은편의 웅장한 저택에 사는 부유한 소년에게서 자신과 닮은, 다루기 힘든 기질을 발견한다. 할아버지와 단둘이 공허한 부유함 속에 살아가는 시어도어 로런스Theodore Laurence라는 고아 소년. 조가 "로리Laurie", 또는 "테디Teddy"라고 부르게 되는 그 소년은 조와 서로 비밀까지도 공유하는 가장 친한 친구이자 장난기 많은 소울메이트가 되고, 왈가닥 소녀를 향한 그의 사랑은 한없이 커져만 간다.

뛰어난 주인공인 조는 여성은 나이가 들면 독립성을 포기하고 남편과 아이들을 위해 살 것이라는 기대에 굴복하기보다는 오히려 분노하고, 반항하고, 완고하게 버티며 젊음에 대담하게 매달린다. 조는 작가라는 직업은 물론 직업 자체를 가져볼 생각조차 도 해보지 않았을 당대의 독자들에게 매우 혁신적인 인물이었다. 영화 〈해리포터Harry Potter〉에 관한 인터뷰에서 원작자 J. K. 롤링J. K. Rowling은 다음과 같이 말했다. "다혈질에 작가가 되겠다는 야망을 불태우는, 조라는 작고 평범한 소녀를 통해 올컷이 전달하고자 했던 의미는 아무리 과장해서 말해도 지나치지 않죠." 조에 대한 호감을 선언했던 유명 인사들로는 글로리아 스타이넘Gloria Steinem(페미니스트), 거트루드 스타인Gertrude Stein(작가), 시몬 드 보부아르Simone de Beauvoir(작가), 힐러리 로댐 클린턴Hillary Rodham Clinton(정치가), 트레이시 K. 스미스Tracy K. Smith(시인), 앤 페트리Ann Petry(작가), 샌드라 데이 오코너Sandra Day O'Connor(대법관), 루스 베이더 긴즈버그Ruth Bader Ginsberg(대법관), 패티 스미스Patti Smith(가수)들이 있다.

뛰어난 각색 작품들

루이자 메이 올컷의 『작은 아씨들』은 셀 수도 없이 다양한 작품들로 거듭 각색되었다.
시대를 초월한 이야기의 다양한 변신을 소개한다.

영화로

루비 밀러Ruby Miller는 올컷의 고전을 처음 영화화했던 작품에서 조를 연기한 최초의 배우다. 그러나 안타깝게도 영국 무성영화에서 선보였던 그녀의 연기는 필름의 분실과 함께 사라지고 말았다. 1년 후에 도로시 버나드Dorothy Bernard가 미국 무성영화에서 조 역을 맡았다. 물론 초기 버전 중 가장 인상적인 작품은 조지 큐커George Cukor가 감독한 1933년의 흑백영화일 것이다. 고집 센 주인공 조 역은 캐서린 헵번Katharine Hepburn이 맡아 연기했고, 작품은 아카데미 각본상을 받았으며, 최우수 작품상과 감독상 후보에도 오르는 영광을 누렸다. 1949년에 할리우드에서 다시 한번 이 소설을 영화화하는데, 이번에는 총천연색으로 제작되었고, 당시 서른한 살이었던 준 앨리슨June Allyson이 열다섯 살의 조를, 젊은 엘리자베스 테일러Elizabeth Taylor가 금발의 가발을 쓰고 에이미를 연기했다. 1994년에는 위노나 라이더Winona Ryder가 질리언 암스트롱Gillian Armstrong 감독의 영화에서 조 역할을 맡아 아카데미 여우주연상 후보에 올랐다.

공연으로

『작은 아씨들』은 1912년 10월 14일, 메리언 디포리스트Marian de Forest의 극본으로 브로드웨이에서 처음 공연되었으며, 조 역할은 배우 마리 파비Marie Pavey가 맡았다. 수십 년이 지나 2005년에 서턴 포스터Sutton Foster가 버지니아 시어터에 오른 뮤지컬에서 조 역할을 맡아 공연했다. 앨런 니Allan Knee가 프로그램 책자를, 제이슨 하울랜드Jason Howland가 음악을, 민디 딕스타인Mindy Dickstein이 가사를 맡았고, 조 역의 포스터는 토니상 후보에 올랐다. 1998년에는 작곡가이자 오페라 대본 작가인 마크 아다모Mark Adamo가 『작은 아씨들』을 오페라로 제작해 큰 호응을 얻었다. 이후 미국 전역은 물론, 멕시코, 오스트레일리아, 이스라엘에서도 공연이 계속 제작되고 있다.

텔레비전 드라마로

『작은 아씨들』의 텔레비전 방영 역사는 1912년 브로드웨이 연극을 바탕으로 1939년 NBC에서 제작한 작품으로까지 거슬러 올라간다. 이 작품과 1946년 버전 둘 다 현재는 소실된 것으로 간주된다. 1958년에 뮤지컬로 제작되어 방영되었을 때는 이야기가 한 시간으로 줄어들었고, 소설 속의 가장 중요한 대목 중 하나인 베스의 비극적인 죽음이 생략되었다. BBC는 수년에 걸쳐 몇 가지 버전의 『작은 아씨들』을 방영했다. 1950년에 첫 작품이, 1970년에 9부작 시리즈가 제작·방영되었지만, 형편없는 작품의 질과 연기 탓에 혹평을 받았다. 가장 최근의 작품은 2017년에 마야 호크Maya Hawke가 조 역으로 출연했던 작품으로 3시간짜리 2부작으로 방영되었다. (1978년 미국에서 2부작으로 각색한 작품은 가장 흥미로운 캐스팅에 주는 상을 수상했다. 〈패트리지 가족The Partridge Family〉의 배우 수전 데이Susan Dey가 조 역할을, 윌리엄 샤트너William Shatner가 프리드리히 바에르Friedrich Bhaer 교수 역을 맡았다.) 1980년대에 일본에서도 두 편의 애니메이션 버전이 제작되었다. 일본에서도 『작은 아씨들』은 소녀들에게 가장 널리 읽힌 책 중 하나로 남아 있다.

조가 마미와 함께
자기가 쓴 글을 자세히 들여다본다

루이자 메이 올컷의 문학적인 삶

1832

11월 29일 루이자 메이 올컷이 펜실베이니아주 저먼타운(독일계 거주민이 많이 사는 지역.—옮긴이)에서 네 자매 중 둘째로 태어났다.

1843

아버지와 찰스 레인Charles Lane(1800~1870. 미국의 초월주의자이자 노예제도 폐지론자.—옮긴이)이 함께 매사추세츠주 하버드에 설립한 유토피아 공동체인 프루트랜즈로 가족 전체가 이사한다. 공동체는 5월부터 12월까지 지속된다.

1858

여동생 리지Lizzie 올컷이 스물두 살의 나이로 사망한다.

1862

버지니아주 조지타운에 있는 유니언 호텔 병원에서 간호사로 근무하지만, 다음 해 장티푸스 폐렴에 걸려 집으로 돌아온다. 심각한 상태였으나 힘겨운 싸움 끝에 회복한다.

1863

A. M. 바너드라는 가명으로 글을 쓰면서, 『폴린의 열정과 형벌』을 『프랭크 레슬리즈 일러스트레이티드 뉴스페이퍼*Frank Leslie's Illustrated Newspaper*』에 싣고 100달러를 받는다.

1864

자신의 짝이 아닌 남자와 결혼한, 모험을 추구하는 말괄량이 여성에 관한 소설인 『무즈*Moods*』를 쓴다.

1869

『작은 아씨들』 2권이 출판되고, 올컷은 책을 통해 네 자매들이 훗날 어떻게 되었는지 답한다.

1875

어머니처럼 헌신적인 참정권 운동가였던 올컷이 뉴욕 시러큐스에서 열린 여성 의회에 참석한다.

1886

조 마치가 여주인공으로 등장하는 마지막 책인 『조의 소년들*Jo's Boys*』이 출판된다.

1834

올컷 가족이 보스턴으로 이사한다. 아버지 브론슨 올컷이 혁신적인 템플 스쿨(사원 학교)을 개설하지만, 6년 후 문을 닫는다.

1854

독창적인 동화와 시를 담은 『꽃의 우화*Flower Fables*』를 출판한다.

1857

올컷 가족이 오처드 하우스(과수원 집)로 이사한다.

1860

언니 애너Anna가 오처드 하우스에서 존 브리지 프랫John Bridge Pratt과 결혼한다. 그들의 두 아들 프레더릭Frederick과 존John은 후에 『작은 아씨들』에 등장하는 데미 브룩Demi Brooke과 데이지 브룩Daisy Brooke의 모델이 된다.

1863

남북 전쟁 간호사로 봉사했던 자신의 경험에서 영감을 얻어 『병원 스케치*Hospital Sketches*』를 출판한다. 작품은 대성공을 거두고, 올컷은 "현실적인 소설reality fiction"에서 마침내 자신의 목소리를 찾았음을 알게 된다. 이 책은 올컷을 수요가 많은 작가 반열에 올려놓는다.

1868

로버츠 브라더스 출판사의 토머스 나일스Thomas Niles가 소녀들에게 호응을 얻을 만한 작품을 써달라고 요청하여 『작은 아씨들』 첫 권을 써서 출판한다.

1871

또 다른 후속작으로 『작은 신사들*Little Men*』이 출판되고 역시 인기리에 판매된다.

1879

올컷이 콩코드의 학교위원회 선거에서 투표한 첫 여성이 된다.

1888

아버지가 사망한 지 이틀 뒤인 3월 4일, 루이자 메리 올컷이 55세의 나이로 생을 마감한다. 그녀는 콩코드의 슬리피 홀로 공동묘지에 자매들과 함께 묻힌다.

웅장하고 휘몰아치는 서사보다는 감동적이고 사소한 일련의 사건들을 통해 이야기를 전달하는 올컷. 그녀의 소설은 소녀들의 삶과 그들의 열망 및 불완전함을 진정성 있게 그려냈다는 점에서 혁명적이었다. 『작은 아씨들』의 첫 발행 부수는 2,000부 정도였는데, 단 며칠 만에 매진되었다. 올컷이 상상한 그 어떤 상황도 가뿐히 뛰어넘는, 제대로 고삐 풀린 문학적 돌풍이 일었다. 올컷은 23장으로 구성돼 있던 원작의 내용을 늘려달라는 요청을 받고, 1869년에 2권을 출판했는데, 그 안에는 독자들이 전혀 예상치 못했으나 책의 내용에는 훨씬 자연스럽게 어울리는 결론이 담기게 된다.

메그와 존은 결혼하지만, 젊은 부부의 결혼생활은 재정적인 궁핍함으로 어려움을 겪는다. 그렇지만 두 사람은 활기 넘치는 아들·딸 쌍둥이를 얻게 된다. 에이미는 마치 대고모와 함께 유럽을 여행하면서 좀 더 깊이 있는 그림 공부를 하고, 안락한 삶을 기대하며 부유한 영국인 구애자인 프레드 본과의 결혼을 잠시 고려한다. 1권에서 베스는 병들고 가난에 찌든 이웃 훔멜 가족을 방문했다가 성홍열에 걸리고 만다. 잠시 회복하기도 하지만 전처럼 완전하게 건강을 되찾지는 못하기에 베스 이야기 언저리에는 늘 죽음이 떠나지 않고 머물러 있다. 결국 죽음은 베스의 목숨을 앗아간다.

하지만 가장 큰 논란을 불러일으켰던 올컷의 서사적 선택은 로리와 조의 운명에 관한 것이었다. 독자들은 두 친구가 결혼해서 영원히 행복하게 살기를 간절히 고대했지만, 올컷은 조를 누군가와 결혼시키는 것을 꺼렸다. 『작은 아씨들』 2권에서 조는 자신이 평생 독신으로 남아 있어야 할 운명이라고 주장하면서 로리의 청혼을 거절한다. 하지만 훗날 운명의 개입으로 자신보다 훨씬 나이 많은 독일인 교수 프리드리히 바에르의 진지한 태도와 훌륭한 지성에 마음을 빼앗겨 사랑에 빠지고 결국 결혼까지 하게 된다. 한편 거부당한 사랑에 낙심한 로리는 유럽으로 향하고, 그곳에서 신붓감, 즉 조의 여동생 에이미를 만난다.

올컷은 친구에게 써 보낸 편지에서 자신의 선택에 관해 설명했다. "조는 문학을 추구하는 독신으로 남아 있어야 했지만, 많은 열정적인 젊은 여성이 그녀가 로리와 결혼하거나, 그가 아니면 다른 누군가하고라도 결혼해야 한다고 요란하게 주장하는 편지를 내게 보내왔어. 난 그 요구를 거절할 자신이 없어서 심술궂게도 조를 위해 어처구니없는 짝을 찾아준 거야"라고. 『작은 아씨들』은 조 바에르가 가족의 부유한 후견인인 마치 대고모에게서 플럼필드 부동산을 물려받아 프리드리히 바에르와 함께 소년, 소녀를 위한 학교를 설립하는 것으로 끝을 맺는다.

독자들은 올컷의 장편소설을 게걸스럽게 탐독함으로써 사랑하는 가족을 부양해야 할 특수한 위치에 있던 올컷을 부유한 여성으로 만들어주었다. 올컷은 계속해서 마치 집안 사람들의 모험 이야기를 쓰고, 1871년에는 『작은 신사들: 플럼필드에서 조의 소년들과 함께하는 생활*Little Men: Life at Plumfield with Jo's Boys*』을 후속 작품으로 내놓는다. 올컷의 다음 책 『조의 소년들과 그들의 성장 후기: "작은 신사들"의 속편*Jo's Boys, and How They Turned Out: A Sequel to "Little Men"*』은 그녀가 사망하기 2년 전인 1886년에 발표되었다. 모두 대단한 인기를 얻었지만, 『작은 아씨들』이 가장 오랫동안 인기를 증명해 보였고, 사실상 거의 모든 매체로 각색되었으며, 각각의 새로운 세대를 위해 끊임없이 언급되고 제작되고 있다.

『작은 아씨들』은 올컷의 고향인 매사추세츠주 콩코드의 경계 내에서 쓰였지만, 그곳에만 머무르지 않고 전 세계 곳곳에 가 닿았다. 우리는 청소년기에서 성인기로 나아가는 여정에서 영광과 즐거움과 절망의 깊이를 경험하고, 승리와 비극을 겪으면서 현재의 우리로 성장했다. 『작은 아씨들』은 바로 그러한 과정을 포착해 내는 심오한 방식 덕분에 수 세기에 걸쳐 오늘날까지 다다를 수 있었다. 이 책은 구체적이면서 동시에 보편적이고, 작가 개인의 경험에 뿌리를 두고 있으면서, 동시에 모든 연령대와 생의 모든 단계에 있는 독자에게 말을 건다. 『작은 아씨들』은 모든 세대를 위한 이야기이다.

초월주의

1800년대의 기준에 따르면, 올컷 가족의 구성원들은 진보적 급진주의자였다. 그들은 헌신적인 노예제도 폐지론자이자 환경 운동가였고, 여성의 동등한 권리를 강력하게 지지했다. 하지만 그러한 진보적 이상을 따르는 사람이 그들만은 아니었다. 올컷 가족은 초월주의자로 알려진 작가·사상가 계급에 속했다. 초월주의의 가장 유명한 지지자로는 시인 랠프 월도 에머슨, 작가 헨리 데이비드 소로, 그리고 언론인 마거릿 풀러Margaret Fuller 등이 있었다. 풀러의 책 『19세기의 여성*Woman in the Nineteenth Century*』은 미국에서 최초의 주요 페미니스트 작품으로 간주된다.

초월주의는 1800년대 초·중반에 뉴잉글랜드에서 발전한 사회 운동으로, 자연과 인류 모두에서 신성을 볼 수 있다고 주장했다. 초월주의의 중심 텍스트인 『월든*Walden*』은 소로가 월든 호수의 북쪽 해안에 있는 오두막에서 2년 동안 생활했던 이야기를 담고 있는데, 월든 호수는 올컷 가족의 집에서 별로 멀지 않은, 콩코드 외곽으로 불과 몇 킬로미터 떨어진 곳에 있었다.

에머슨과 소로는 올컷이 오처드 하우스에 살던 시절 그녀의 아버지를 자주 방문했고, 루이자 메이 올컷은 어린 시절부터 이들 초월주의자들이 옹호했던 원칙에 노출되었다. 비록 올컷이 많은 운동의 주요 신조에 동의하기는 했어도, 대개 그렇듯이, 그녀도 자신의 길을 가고자 했다. 훗날 올컷은 아버지의 실패한 공동체인 프루트랜즈에서 가족과 함께 살았던 시기에 관한, 약간 허구적이고 풍자적인 이야기인 『초월적인 야생 귀리*Transcendental Wild Oats*』를 출판했다. 찬양하기 위해 썼다고는 말하기 어려운 작품이다.

그럼에도 올컷은 자신의 삶 속에서 자연에 대해 품고 있던 깊은 사랑과 존경을 드러냈다. 자연을 향한 애정은 그녀의 일기 속 곳곳에 배어 있다.

"이슬이 풀에서 채 떨어지기도 전인 이른 아침에 숲으로 나가 달리기를 했다. 이끼는 벨벳 같았고, 노랗고 빨간 단풍잎의 아치 아래로 달려가는 동안 나는 기쁨에 겨워 노래를 불렀다. 심장은 너무나 가벼웠으며, 세상은 지극히 아름다웠다. 산책로 끝에 멈춰 서서 드넓은 '버지니아 초원' 위로 햇빛이 비치는 모습을 바라봤다."

(오른쪽) 가디너 저택에서 열린 새해 전야 무도회에서 처음으로 같이 춤을 추는 조와 로리

Chapter 2

새로운 인상: 그레타 거윅, 『작은 아씨들』의 다음 장을 쓰다

✻

"Women have minds and souls
as well as hearts, ambition
and talent as well as beauty,
and I'm sick of being told that
love is all a woman is fit for."

Jo March

"여자에게도 생각과 영혼이 있고,
마음과 야망과 재능도 있어.
여자라고 아름답기만 한 게 아니야.
여자는 사랑하기 위해 태어났다는 말을 들을 때마다
지겨워 죽을 것 같아."

—조 마치

장면과 장면 사이. 소품 편지를 손에 든 시얼샤 로넌(조)

촬영장. 촬영 감독 요리크 르 소Yorick Le Saux와 그레타 거윅 감독

'모든 세대는 각자의 『작은 아씨들』을 가질 자격이 있다.' 오늘날의 관객을 위해 올컷의 『작은 아씨들』을 또 한 번 영화로 제작하기로 했을 때, 제작자 에이미 파스칼Amy Pascal, 로빈 스위코드Robin Swicord, 데니즈 디노비Denise Di Novi가 했던 생각이다. 세 명의 할리우드 베테랑이 이 사랑받는 소설을 스크린 위로 옮겨놓기 위해 팀을 이룬 것은 이번이 처음이 아니라는 것에 주목할 만하다. 스위코드는 디노비와 함께 파스칼이 고위 임원으로 있던 소니 픽처스에서 제작한 1994년 버전 〈작은 아씨들〉의 시나리오를 쓰고 제작에도 참여했다.

오스트레일리아의 영화제작자인 질리언 암스트롱이 감독한 그들의 첫 〈작은 아씨들〉은 주로 브리티시컬럼비아의 밴쿠버에서, 스타급 캐스팅으로 촬영되었다. 위노나 라이더는 조를 연기해 아카데미 여우주연상 후보에 올랐다(영화는 의상 디자인과 음악 부문에서도 역시 후보에 올랐다). 트리니 알바라도Trini Alvarado가 메그로, 클레어 데인즈Claire Danes가 베스로, 커스틴 던스트Kirsten Dunst와 서맨사 매시스 Samantha Mathis가 함께 에이미(던스트가 어린 시절의 에이미를 연기했다)로 분했고, 크리스천 베일Christian Bale이 로리를, 가브리엘 번Gabriel Byrne이 프리드리히 바에르를 연기했다.

영화 개봉 당시 비평가 로저 에버트Roger Ebert는, 암스트롱의 영화 〈작은 아씨들〉이 올컷의 가족 드라마에 내재하는 더 큰 주제들을 분명히 드러내 보인다고 칭찬했다. "이 영화는 우리 앞에 모든 삶이 펼쳐져 있는 듯 보이는 어린 시절부터 일련의 선택을 통해 우리가 어떻게 우리의 운명을 좁혀나가는지 보여준다."

그러나 시간이 지나면서 에이미 파스칼은 좀 더 새로운 시선으로 『작은 아씨들』을 검토해 봐도 좋겠다고 생각했다. 세 제작자들은 작품의 풍부함과 깊이를 고려해 보면, 새로운 영화를 통해 마치 자매들의 삶을 다른 측면에서 탐구해 볼 수도 있겠다는 생각에 이르렀다. 2015년 소니의 공동회장직에서 물러나 전업 제작자로 변신한 파스칼은 "지금은 우리가 첫 번째 〈작은 아씨들〉을 만들었을 때와 또 다른 세상"이라고 말한다. "『작은 아씨들』이 이전의 각색 작품들보다 훨씬 풍자적이고 지적인 반면, 감상적인 면은 훨씬 덜하다는 점에 주목했습니다. 지금이 『작은 아씨들』과 루이자 메이 올컷에 좀 더 진실하게 다가가는 영화를 제작해야 할 때라고 느꼈어요."

영화 〈마틸다Matilda〉(1996), 〈프랙티컬 매직Practical Magic〉(1998), 〈게이샤의 추억Memoirs of a Geisha〉(2005) 등의 크레디트에 이름을 올린 로빈 스위코드도 이제 때가 됐다는 사실에 동의했다. "모든 세대가 그들의 어린 시절을 형성해 온 고전 영화와 도서들을 다시 들여다보며 그 안에서 '우리 시대를 위한 것'을 찾아볼 기회를 얻어야 한다고 생각해요. 1994년의 우리에게는 특정한 종류의 『작은 아씨들』이 필요했는데, 2019년에도 마찬가지라는 느낌이 들어요. […] 우리는 이야기를 가져야만 해요. 그 이야기 속에서 우리 자신을 보고, 우리 시대에 여성으로 살아간다는 것이 무엇인지 깊이 생각하면서 극장 밖으로 걸어 나갈 수 있어야 합니다."

그레타 거윅Greta Gerwig 감독이야말로 새로운 〈작은 아씨들〉에 적합한 사람이라고 제안한 사람은 데니즈 디노비였다. 거윅은 배우로 잘 알려져 있었다. 그녀는 2010년 제작된 노아 바움백Noah Baumbach 감독의 색다른 코미디 〈그린버그Greenberg〉를 비롯한 작품에서 선보인 공감을 자아내는 능력과 매력으로 비평가들의 관심을 받게 된다. 이후 거윅와 바움백은 시나리오 파트너십을 맺었고(거윅은 원래 극작가 경력에 관심을 두고 있었다), 그들의 첫 번째 공동 작업으로 탄생한 작품이 〈프랜시스 하Frances Ha〉였다. 이 영화에서 거윅은 주연을 맡아 댄스 컴퍼니에서 견습 무용수로 일하는 뉴욕 여성을 연기했다.

디노비는 말한다. "'배우' 거윅을 사랑했지만, 〈프랜시스 하〉의 시나리오를 읽었을 때, 그녀가 여성의

촬영장. 엠마 왓슨(메그), 그레타 거윅 감독, 시얼샤 로넌(조), 플로렌스 퓨(에이미)

하숙집. 프리드리히 바에르와 조 마치

경험에 구체적이고 깊은 애정을 품고 있고, 취약함과 진실성을 드러내는 데 두려움이 없다는 생각이 들었어요. 내가 보기에 그건 조라는 캐릭터가 구현하고 있는 가치였죠. 『작은 아씨들』이 여성의 지위가 극도로 제한·제약받던 시기에 쓰였음에도, 루이자 메이 올컷은 조라는 캐릭터를 지극히 자유롭고 개방적이며, 자신을 걸러내지 않고, 스스로 깎아내리지도 않는 인물로 창조해 냈어요. 그레타의 작품 속에서 그런 대담함을, 진실을 말할 수 있는 진정성과 용기를 봤죠."

교실 장면을 연출하는 그레타 거윅 감독

소녀 시절 올컷의 소설과 사랑에 빠졌고, 조 마치와 놀라운 친밀감을 느꼈던 거윅은 기회를 움켜잡았다. "조가 내 영웅처럼 느껴졌죠. 커서 조처럼 되고 싶었는데, 어쩌면 당시에도 우린 어떤 면에선 아주 비슷했던 것 같아요. 조도 키가 큰 것 같았는데, 그 사실마저도 짜릿하게 느껴졌죠."

거윅은 『작은 아씨들』이 품은 핵심 아이디어에 관해 매우 구체적인 견해를 가지고 있었다. 부분적으로는 버지니아 울프Virginia Woolf의 "지적 자유는 물질적인 것에 달려 있다"라는 주장에서 영감을 얻은 것이었다. "이 소설은 돈에 관한 책이에요. 왜 여성은 돈을 벌기가 어려운가에 관한 이야기죠. 이 책은 "선물도 없는 크리스마스가 무슨 크리스마스야./ 가난한 건 정말 싫어!/ 어떤 애들은 예쁜 물건을 많이 갖고 있는데 누구는 하나도 없다는 건 불공평해."로 시작돼요. 여성들이 자기 밥벌이조차 할 수 없는 상황이 소설 속에 수도 없이 등장해요."

거윅은 다음과 같이 덧붙인다. "루이자 메이 올컷. 그녀는 다음 세기로 우리를 이끌었던 사람 중 하나였어요. 20세기가 그녀를 통해 도달하고 있었고, 그녀에게 '우리는 여성들을 위해 과거와는 다르게 앞으로 나아갈 겁니다'라고 말할 수 있는 능력을 주었던 거죠. 그녀가 그 사실을 완전히 이해하고 있었는지 그것조차도 잘 모르겠어요. 하지만 예술가가 되는 것, 여성이 되는 것, 돈을 다루는 것에 관한 경제적인 부분이 전체 서사의 상당 부분을 차지하며 책 밑에서 고동치고 있는 게 느껴져요."

거윅은 조의 자매들이 스크린 위에서 어떻게 그려져야 하는지에 대해서도 깊이 느끼는 바가 있었다. 구체적으로, 거윅은 마치 가족이 애지중지 응석받이로 키운 에이미에 대한 인식을 바꾸는 데 관심이 있었다. 언니들이 신경 쓰는 좀 더 진지한 관심사보다 자신의 코 모양에 더 안달하던 소녀가 두려움 없이 삶에서 원하는 것을 추구하는 단호한 여성이 되게 하고 싶었다. "에이미가 조에 걸맞은 제대로 된 적수가 되었으면 했어요. 에이미와 조가 가장 크고, 밝고, 열렬한 야망을 품고 있거든요. 에이미는 조와 마찬가지로 항상 문 쪽을 바라봐요. 심지어 책 속에서 '야망 있는 여자들은 세상 살기가 고달파요.'라고 말하죠. 종종 까다로운 척하지만, 실은 전혀 그렇지 않아요. 에이미는 괴물이에요. 세계 최고의 화가가 되고 싶어 해요. 이런 성격은 조와 똑같죠."

파스칼과 다른 두 제작자들은 거윅의 신선한 관점과 자기 생각을 명확히 표현하는 열정에 감명받았다. 2014년, 그들은 거윅을 고용해 시나리오를 작업했다. '거윅 식으로 이 이야기를 들려줄 수 있는 사람은 아마도 거윅 하나밖에는 없을 것이다.' 거윅의 개성과 아이디어가 우리로 하여금 그렇게 생각하게 했어요." 파스칼은 말한다.

하지만 당시에 거윅이 작업하던 시나리오는 〈작은 아씨들〉 하나만이 아니었다. 거윅은 영화 〈레이디 버드Lady Bird〉(2017)의 시나리오도 쓰고 있었다. 2002년의 미국 캘리포니아 새크라멘토를 배경으로 하는 이 작품은 가톨릭 고등학교 여학생이 도시 근교 중하층 생활에서 벗어나기 위해 필사적으로 발버둥 치는 이야기를 그리고 있다. 이 이야기는 거윅의 실제 삶에서 여러 요소를 빌려 왔다. 그녀 역시 새크라멘토에서 성장했고, 여자 가톨릭 학교에 다녔으며, 창의성의 배출구를 찾기를 열망했다.

아일랜드 배우 시얼샤 로넌Saoirse Ronan이 크리스틴 "레이디 버드" 맥퍼슨으로 출연해 엄마 매리언(배우: 로리 멧캐프Laurie Metcalf)과의 관계에서 어려움을 겪고, 새 친구들과 어울리느라 멀어지게 된 절친 베스티 줄리(배우: 비니 펠드스타인Beanie Feldstein)와의 우정 문제로 고민하는 십대 소녀를 연기했다. 레이디 버드는 별 노력 없이도 매력적이지만, 궁극적으로는 아무 쓸모도 없는 소년 카일(배우: 티모시 샬라메 Timothée Chalamet)을 만나게 되고, 카일은 잠시 레이디 버드의 애정을 얻지만, 결국에는 그녀의 마음을 아프게 한다.

〈레이디 버드〉는 2017년에 개봉해 열광적인 호평을 받았으며, 아카데미 5개 부문 후보에 올랐다.

촬영 시작을 알리는 클래퍼보드

거윅은 아카데미 역사상 최우수 감독상 후보에 오른 다섯 번째 여성 감독이 되었다. 한편 〈레이디 버드〉는 〈작은 아씨들〉의 제작팀에게 새 〈작은 아씨들〉을 연출할 감독이 거윅 말고는 없다는 사실을 증명해 보였다. 여성 관계의 복잡성을 이해하는 타고난 능

현장을 지휘하는 그레타 거윅 감독

력, 등장인물을 향한 공감, 삶의 부조리에 유머로 접근하는 태도. 거윅이야말로 올컷의 고전을 스크린으로 불러오기에 적합했다.

"거윅 감독은 그 모든 걸 가졌어요. 촬영 방식도 믿을 수 없을 만큼 정교하죠. 단연 훌륭한 작가이고, 배우들과 일하는 방식 또한 최고 중의 최고라 할 수 있어요. 거윅 감독은 캐릭터의 내면으로 곧장 들어가요. 사람들 안에서 필요한 것을 끌어내죠. 믿을 수 없을 만큼 인내심이 강해요. 자신이 무엇을 원하는지도 정확히 알고, 영화를 위한 이상도 가졌어요." 제작자 에이미 파스칼의 설명이다.

거윅은 〈레이디 버드〉의 배우들인 시얼샤 로넌과 티모시 샬라메에게 〈작은 아씨들〉의 가장 중요한 역할인 조와 로리 역을 맡겼다. 세 사람이 다시 팀을 이루게 되리라는 사실은 처음부터 명확했다. 제작자 파스칼은 말한다. "우리는 정말이지 시얼샤와 티모시를 제외하고는 그 인물들을 연기할 만한 사람을 떠올려본 적이 없어요. 〈레이디 버드〉에서의 관계뿐 아니라, 실제 삶에서의 그들의 모습을 보면서 그들이 얼마나 멋진 배우인지, 얼마나 서로의 마음을 아

엠마 왓슨(메그), 시얼샤 로넌(조), 로라 던(마미 마치), 밥 오덴커크(마치 씨)와 이들을 지켜보는 제작진

프게 할지 느꼈기 때문이죠."

거윅은 시얼샤 로넌이 단지 배우라기보다는 창의적인 파트너라고 말한다. "〈레이디 버드〉 때 로넌에게도 해준 이야기예요. 〈작은 아씨들〉에서도 다르지 않았죠. 로넌은 두 영화의 작가, 즉 공동 창작자라고 할 수 있어요. 로넌은 내가 쓴 것을 단지 연기하는 게 아니에요. 정말로 그걸 창조해 내요. 달리 설명할 길이 없네요. 모든 위대한 배우들이 그렇듯 로넌도 훌륭한 제작자예요."

그렇다고 나머지 배역들이 덜 인상적인 것은 아니다. 베스와 에이미 역에는 재능 있는 신인 배우 일라이자 스캔런Eliza Scanlen과 플로렌스 퓨Florence Pugh가, 메그 역에는 엠마 왓슨Emma Watson이 발탁되었다. 로라 던Laura Dern은 마미 마치 역을, 밥 오덴커크Bob Odenkirk는 마치 씨 역을, 크리스 쿠퍼Chris Cooper는 로리의 할아버지 로런스 씨 역을 맡았다. 그리고 전설적인 배우 메릴 스트립Meryl Streep이 말썽 많은 마치 가족에 관해 아무 거리낌 없이 입바른 소리를 하는, 매우 독선적이며 부유한 마치 대고모를 연기하기로 했다.

제작자 스위코드에 따르면, 이렇게 일류 배우들이 뭉쳤다는 것은 원작과 거윅 감독에 대한 평판이 어떠한지 잘 보여주는 하나의 증거였다. "거윅 감독의 깊은 연기 내공이 그녀 자신에게 자신감을 주어 배우가 주도권을 잡고, 망치고, 이것저것 시도하게끔 그냥 내버려 둘 수 있게 하죠. 많은 감독이 잘못된 생각을 당연시하고 있어요. 감독이 통제권을 쥐고, 꼭두각시 인형 부리듯, 배우들이 미리 짜인 범위를 벗어나지 않고 특정한 방식으로 연기하도록 하는 게 자신들의 일이라고 생각하죠. 거윅 감독은 아무 두려움 없이 배우들이 보통 인간이 하는 행동을 하고 무언가를 찾도록 허락해요. 감독으로서 엄청난 힘을 가진 거죠. 배우들을 격려하면서, 동시에 그들의 연기가 모양을 갖추도록 하는 방법을 알고 있어요."

〈작은 아씨들〉의 제작자들은 장면이나 배경, 어떤 감정적 순간의 취지에 의구심이 들 때마다 "올컷의 잊을 수 없는 소설"을 이정표 삼아 올바른 길을 찾아 나가기로 했다.

내가 처음 『작은 아씨들』을 읽었을 때

영화 〈작은 아씨들〉의 세 여성 제작자들. 그들이 여성으로 성장하는 데 있어 자신들의 시각을 바꿔준 『작은 아씨들』에 대한 추억을 공유한다.

데니즈 디노비

"열 살쯤 됐을 때, 이 책을 처음 읽었어요. 소녀, 그러니까 젊은 여성이 작가가 돼서 뭔가를 창작해 낼 수 있고, 가족을 떠나 홀로 뉴욕에 가서 살 용기를 낼 수 있고, 감히 남들과 달라질 용기가 있으며, 남들과 다른 관심사를 갖고 자신을 위해 목소리를 높이며 곤란에 처할 수도 있다는 사실이 제겐 너무도 의외였어요. 정말 큰 영감을 주는 인물이었죠. 이 작품과 조의 이야기의 주제는 자신의 진정한 목소리를 찾는 것이에요. 여성들은 이를 위해 고군분투하죠. 시대가 변하고 있기는 해도, 역사적으로 이러한 노력에 대한 격려나 지지는 거의 없었어요. 그랬기에 이 책은 저를 포함해 많은 소녀들에게 영감과 격려의 원천이 되어왔죠."

에이미 파스칼

"제 이름은 에이미 베스Amy Beth 파스칼이에요. 이름만큼 『작은 아씨들』은 평생 나와 함께했어요. 아버지가 엄마 배 속에 있는 제게 『작은 아씨들』을 읽어주셨대요. 그래서 제 이름이 에이미 베스가 된 거죠. 저한테는 세상에서 가장 친한 친구인 자매가 하나 있어요. 가족이 얼마나 중요한지, 어린 시절을 가장 가까이에서 목격할 수 있는 자매가 있다는 게 어떤 건지 잘 알아요."

로빈 스위코드

"여덟 살 때 처음으로 『작은 아씨들』을 읽었어요. 그리고 스무 살이 될 때까지 매년 다시 읽었죠. 낸시 드루, 하디 보이스(Nancy Drew, Hardy Boys. 각각 미국의 유명 청소년 추리소설 시리즈의 주인공들.–옮긴이) 시리즈와 판타지 책들을 탐독한 후 3학년이 되어서야 그 책을 읽은 거예요. 『작은 아씨들』을 집어 들었을 때, 가족생활에 관한 진실에 직면했다는 느낌이 들었죠. 형제자매는 서로 싸운다는 진실. 서로에게 폭력을 쓰기도 한다는 진실. 부모는 때때로 압도되는 기분에 우리를 방치하기도 한다는 진실. 가끔은 중요한 것에 쓸 돈도 부족하다는 진실. 실제로 우리 가족이 그랬거든요. 그리고 사랑하는 사람이 죽기도 한다는 진실. 어린 독자들을 정말로 존경했던 책에 처음으로 노출되었던 거죠. 루이자 메이 올컷이 저를 존경한다고 느꼈어요. 그리고 독자로서 처음으로 책 속의 모든 내용을 이해하지 못했다는 느낌을 받았죠. 그래서 모든 걸 이해하게 될 때까지 해마다 책을 다시 읽었던 거예요."

Chapter 3

훌륭하고 힘 있는 말

※

"Girls have to go out
into the world and
make up their own minds
about things."

Marmee March

"여자도 세상 속으로 나가서
자신에게 일어나는 일을
스스로 결정할 수 있어야 해."
— 마미 마치

출판인 대시우드 씨의 대답을 기다리는 조

조의 원고를 읽는 대시우드 씨

작가는 작곡가가 리듬을 구분하는 식으로 언어를 들을 수 있어야 한다. 〈작은 아씨들〉의 시나리오를 쓰는 동안, 감독 그레타 거윅은 올컷의 이야기를 들려줄 단어들의 출처로 올컷 자신보다 더 좋은 건 없다는 사실을 깨달았다. 그래서 자신의 배우들에게 건넬 대화를 찾기 위해 반복해서 소설로 돌아갔고, 올컷이 사랑하는 이들과 주고받은 편지 속에서도 논평과 의견을 빌려 왔다. 거윅은 말한다. "책에 들어 있는 실제 언어를 가능한 한 많이 사용하려고 노력했어요. 영화 속 모든 대사는 책이나 편지, 또는 일기에서 나온 거예요. 모든 게 제가 손으로 가리킬 수 있는 구체적인 대상에 기반을 두고 있기를 바랐습니다."

배우들이 대사를 큰 소리로 연기하는 것을 들었을 때, 거윅은 놀랍도록 현대적인 울림에 충격을 받았다. "불협화음에 대한 아이디어는 늘 생각했어요. 한집에 고만고만한 여자아이가 넷이나 살고 있었으니 얼마나 시끄러웠겠어요! 자매들이 팽팽하게 주고받는 대화가 음악 없이 뮤지컬을 하는 식으로 들렸으면 좋겠다고 생각했죠. 몇몇 대사는 정말 유명한데, 모두의 기억에 박혀 있다는 점에서 셰익스피어 작품의 대사와 비슷하다고도 할 수 있어요. 그 대사들을 빠르고 무심하게, 한 대사가 채 끝나기도 전에 그 위에 대사를 얹고 또 얹는 식으로 연출해서 그 소중함을 사라지게 한 거죠. 그렇게 하니 대사들에서 베개 위에 수놓인 글귀 같은 느낌이 사라졌어요."

거윅은 딱 한 가지 매우 중요한 지점에서 원작의 틀을 벗어난다. 올컷의 소설은 네 자매의 사춘기 시절부터 성인기까지 연대기 순으로 진행되지만, 거윅의 시나리오는 그렇지 않다. 거윅은 자매들을 세상 속의 젊은 여성들로 강조하고 싶었기에, 부드럽고 흐릿한 빛처럼 과거를 회상하는 플래시백 장치를 이용했다. 이러한 접근법은 자매들 삶의 다른 측면과 그들이 훗날 맞닥뜨릴 투쟁들에 대해 탐구할 수 있게 해주었다.

"다른 영화 버전에서는 모두 자매들을 어린 소녀로 다루었고, 기본적으로 성인이 되어서 영화가 끝나

(오른쪽) 연극 무대에 오른 마치 자매들

요. 제가 성인이 되어 이 책을 읽고 가장 매혹적으로 느꼈던 대목은 네 자매가 성년기를 헤쳐나가는 부분이었어요. 쌍둥이 엄마인 메그는 온종일 아이들과 집에 갇혀 있죠. 그러다가 분별력을 잃고 외상으로 너무 많은 돈을 쓰게 돼요. 이 시기 존과의 결혼생활에 생겨난 불화는 이미 전부터 조짐이 보였을 수도 있어요."

거윅은 계속해서 말한다. "저는 성인이 된 자매들을 더 강조하고 싶었어요. 어릴 때는 마법처럼 느껴지던 것이 이제는 다 사라지고 없는 까닭에 더욱 달콤씁쓸하고 아프게 느껴지게 하고 싶었죠. 자매들에게 어른이 되는 길을 제시해 주고, 특별하고 독특하고 활기 넘치던 어린 시절의 기질을 계속 유지하게 해주고 싶었어요."

쌍둥이 자녀 데이지와 데미를 안아주는 메그

그리하여 영화는 1868년 가을 뉴욕, 조가 초조함을 털어버리고 자신의 소설을 팔기 위해 대담하게 출판사 사무실로 성큼성큼 걸어 들어가는 장면으로 시작한다. 바다 건너 파리에서는 막냇동생 에이미가 다른 화가 몇 명과 함께 간 소풍에서 자세를 잡은 신사 둘과 숙녀의 모습을 그리고 있다. 콩코드의 집에 남은 베스는 텅 빈 방에서 홀로 피아노를 연주한다. 근처에 사는 메그는 소박한 자기 집에서 크랜베리 잼을 만들려고 고군분투하다 연이은 실패에 좌절감을 느껴 흐느끼는 중인데, 쌍둥이 자녀들이 갑작스럽게 나타나 그녀의 기분을 풀어준다.

예술적 실험의 순간. 에이미의 발이 석고 속에서 굳어버린다

거윅의 〈작은 아씨들〉은 마치 자매들의 성인기에 뿌리를 두고 있지만, 어린 네 자매의 가장 사랑받은 에피소드들을 모두 담고 있다. 다락방에서 펼쳐진 자매들의 연극 공연, 화가를 꿈꾸는 에이미가 석고가 가득 담긴 양동이에 발을 담그고 있다가 그대로 발이 굳어버린 일, 학교에서 친구들에게 풍자만화를 그려주는 것으로 라임 절임 값을 대신하는 에이미, 가디너Gardiner 저택에서 열리는 새해 전야 무도회에 갈 준비를 하던 중에 조가 실수로 메그의 머리카락을 태워버린 일.

물론 고통스러운 순간들도 있다. 아버지의 병 치료에 보태기 위해 머리를 잘라서 파는 조. 분노와 질투로 조의 원고를 태워버리는 에이미. 결국에는 목숨을 앗아가게 될 병마와 씨름하는 베스와 그녀를 지켜보며 가족들이 느끼는 헤아릴 수 없는 슬픔. "너

조의 원고를 태워버리는 에이미

랑 결혼할 일은 절대 없을 거야"라는 조의 말에 로리가 느낀 충격과 비통함.

거윅은 올컷이 다양한 곤경에 직면해 있었음에도 여러 면에서 너무나 완벽하게 느껴지는 허구의 가족을 창조해 낼 수 있었다는 사실에 매혹되었다. "책의 내용과 루이자 메이 올컷의 실제 삶 사이의 긴장감이 정말로 흥미로웠어요. 올컷은 여러 면에서 대단히 불행했던 어린 시절을 지극히 목가적인 어린 시절로 보이게 바꿔놓았죠. 글을 쓰는 사람으로서 그 둘 사이의 단절이 무척 매혹적으로 느껴져요. 가슴 아픈 일이기도 하죠. 올컷이 이런 말을 했어요. '나는 어려움을 많이 겪었기 때문에 재미있는 이야기를 쓰는 거예요.' 이 말을 들었을 때 그냥 울고만 싶었어요. 올컷은 슬픈 일을 많이 겪었지만, 불행을 통해 어린 시절을 아름답게 묘사하는 법을 배우게 된 거예요."

에이미, 베스, 해나가 머리를 자르고 온 조를 위로한다

가족 연극에 생명을 불어넣는 조

Chapter 4

작은 아씨들의 여성들 (그리고 남성들)

※

"We've got Father and Mother and each other."

Beth March

"우리한테는 아빠, 엄마 그리고 언니 동생들이 있잖아."

—베스 마치

프리드리히 바에르가 마치 가족을 방문해
모두 함께 식탁에 둘러앉은 장면을 촬영하고 있다

조 마치

배우 시얼샤 로넌

⁂

조 마치는 오직 한 명뿐이다. 『작은 아씨들』에서 가장 고집 센 주인공인 조는 시대를 훌쩍 앞서가는 인물이다. 자신의 독립, 글에 대한 열정, 사랑하는 가족을 무엇보다 소중히 여기는, 사납고 겁날 만큼 충실한 젊은 여성. 무뚝뚝하고 무례하며, 불같고 고집스러울 때도 있지만, 항상 영리하고 창의적이며 수완 좋고 용감하다. 몇 세대에 걸쳐 팬들이 그녀와 사랑에 빠지는 건 지극히 당연한 일이다.

"조는 가족과 함께 살다 가족 옆에서 죽어요. 가족이 그녀에게는 세상 전부였어요. 가족과 함께 있을 때 조는 거침없고 자신감 넘치고 활달하죠. 그렇지만 잘 모르는 사람들과 함께 있을 때면, 약간 내성적인 편이에요. 조가 자기 내면에 간직한 불길을 끄집어내도록 이끌어 가는 것. 그건 두말할 필요 없이 그녀의 글과 주변에 있는 자매들이라고 할 수 있죠." 배우 시얼샤 로넌은 말한다.

로넌에게는 자신의 길을 가는 것을 두려워하지 않는 불같은 인물들을 연기한 역사가 있다. 평단의 호평을 받은, 이언 매큐언Ian McEwan의 소설을 각색한 영화 〈어톤먼트Atonement〉(2007)에서 열세 살 풋내기 작가의 모습을 획기적으로 그려내 아카데미 여우조연상 후보에 올랐다. 이후 피터 잭슨Peter Jackson 감독이 동명의 베스트셀러 소설을 각색해 만든 영화 〈러블리 본즈The Lovely Bones〉(2009)의 주연을 맡았고, 거의 끊임없이 작품 활동을 이어왔다.

로넌은 1950년대 뉴욕을 배경으로 사랑을 찾는 아일랜드 여성을 그린 영화 〈브루클린Brooklyn〉(2015)에서 주인공을 맡아 두 번째 아카데미 후보에 올랐으며, 그레타 거윅 감독의 〈레이디 버드〉에서는 캘리포니아 새크라멘토에서 가족을 벗어나 자신의 길

(왼쪽) 책상 앞에 앉은 조

을 찾기를 갈망하는 십대 소녀를 연기해 세 번째로 아카데미 후보에 올랐다.

〈작은 아씨들〉로 그레타 거윅과 재회한 로넌은 감독과 눈빛만 바라봐도 서로의 마음을 읽어낼 수 있을 만큼 교감했고, 덕분에 힘든 역할을 편하게 받아들일 수 있었다. "그레타 감독님과 다시 일하게 돼 너무 좋았어요. 감독님은 이 영화가 어떤 모양이 되기를 원하고, 그것으로 뭘 말하고 싶은지에 대해 아주 명확하고 포괄적인 그림을 그려놓고 있었어요. 하지만 우리 스스로 그것이 무엇인지 찾고, 옳다고 느껴지는 것을 할 수 있게끔 재량권을 주었죠. 감독님은 우리가 연기하는 매 순간, 모든 대사, 모든 움직임이 우리에게 옳은 선택이고, 우리가 연기하는 배역에도 옳은 일이라는 것을 느낄 수 있기를 바라는 분이에요."

그렇다면 로넌이 찾아낸 조는 어떤 사람일까? "조는 속속들이 작가예요. 밤낮없이 글을 쓰는 삶, 그게 조의 인생이죠. 글쓰기는 조가 세상을 이해하는 방법이자 가장 잘하는 것이에요. 말 그대로 그녀의 것,

(오른쪽) 자신의 원고를 팔고 나서 뉴욕 거리를 질주하는 조

그녀가 항상 가슴에 품고 다니는 거예요. 그녀가 자신감을 얻는 장소이기도 하고요. 조는 글쓰기를 통해 자기 자신으로 태어나요."

조는 마음의 문제에는 주의를 덜 기울이는데, 그것이 궁극적으로는 조를 진심으로 사모하는 로리와의 갈등으로 이어진다. 로넌은 말한다. "조는 사랑, 로맨스와는 매우 복잡한 관계를 맺고 있어요. 그녀에게 있어 누군가와 사랑에 빠진다는 것은 자동적으로 그 사람과 결혼해야 한다는 것을 의미하고, 그건 자신이 가진 자율성을 모두 포기한다는 뜻이기도 하죠. 하지만 그거야말로 조가 절대로 원하지 않는 거예요. 그래서 조는 본질적으로 어린 시절에 영원히 머물고 싶어 하는 피터 팬 정신을 갖게 되고, 자매들이나 로리도 똑같이 느끼기를 바라지만, 그렇게 되지는 않아요. 그들은 어떤 의미에서 조가 두려워하는 성인으로 자연스럽게 성장하거든요."

비록 조와 로리의 로맨스는 결실을 보지 못하지만, 그 둘이 소울메이트이며 더할 나위 없이 독특한 동전의 양면을 이루고 있다는 사실에는 의심의 여지가 없다. 로넌은 샬라메와 워낙 친했던 덕분에 촬영장에서도 배역 간의 관계를 쉽게 표현할 수 있었다.

"같은 배우와 여러 번 호흡을 맞추면 어느 정도 안정감을 느낄 수 있어요. 조와 로리가 필요로 하는 형제자매 정도의 관계, 티미(티모시 샬라메)와 나는 어쨌든 그런 관계를 유지하고 있어요. 배우들이 서로 신체적으로 편하게 느끼면 관객도 화면을 통해 그걸 느낄 수 있으리라고 생각해요. 함께 있을 때 우리는 그냥 우리다울 수 있어요. 언제든 티모시를 때릴 수 있죠. 친하니까요."

"운명의 목덜미를 움켜쥐고 흔들어서 아주 혼쭐을 내줄 거야!"

메그의 결혼식 장면. 로라 던(마미 마치), 시얼샤 로넌(조), 플로렌스 퓨(에이미), 그레타 거윅 감독

"난로 옆에서 꾸벅꾸벅 조는 건
딱 질색이야. 난 모험이 좋아.
나가서 재미있는 일을 찾아볼 거야."

조의 수제 가죽 일기장

영화 속 소품

조의 일기장 영화 〈작은 아씨들〉에서 조는 가죽 일기장을 자주 들여다본다. 이 일기장은 매사추세츠주 프린스턴에 있는 라크스퓻 제본소의 데번 이스트랜드Devon Eastland가 수작업으로 제작한 것이다. 소품 감독 데이비드 굴릭David Gulick은 마치 가족과 다른 등장인물들이 사용하는 모든 펜과 연필, 등장하는 모든 종이의 무게와 색상을 결정하기 위해 빅토리아 시대의 글쓰기를 광범위하게 연구했다. "당시에는 아직 만년필이 없어서 다들 잉크에 찍어 쓰는 펜을 사용했어요. 하지만 깃털 펜을 사용하는 사람은 없었어요. 정말로 그냥 잉크와 종이와 연필뿐이었죠. 종이는 제조되었지만, 오늘날 우리가 쓰는 종이와는 매우 달랐습니다. 많이 얇았을 거예요. 얇을수록 적은 양의 재료로 더 많이 만들 수 있으니까요."

조의 여행 가방 빈티지 여행 가방은 로스앤젤레스의 소품 대여점에서 대여했다. 1800년대 여행 가방을 가지고 있는 미국 유일의 소품 대여점이었다. 조는 아이들을 가르치며 작가로 성공하기 위해 뉴욕으로 떠나는데, 콩코드 집에서 가방 여러 개를 들고 기차를 타고 간다. 소품 감독 굴릭은 말한다. "조는 자기 스타일에 맞는 가방을 들었어요. 조가 가방을 너무 적게 가져가는 것 같다는 느낌이 들지 않도록 뉴욕에 갈 때 들고 갈 물건들로 스크린 테스트를 했죠." 하지만 굴릭은 1860년대에는 조 같은 신분의 여성이 절대로 손수 여행 가방을 들고 다니지 않았으리라는 사실을 지적한다. "만약 조 같은 여성이 마차나 기차를 타고 뉴욕에 간다면, 어디를 가든 누군가가 대신 짐을 옮겨다 주었을 거예요. 하지만 조는 그런 걸 용납할 사람이 아니죠. 그래서 우리는 조가 직접 들고 가게 무언가를 준비해 줘야 했죠."

(옆과 오른쪽) 조의 여행 가방

습판 사진

"콜로디온 습판법"이라고도 불리는 습판 사진은 19세기 중후반에 발명되어 발전되었다. 최근 들어 인물 사진을 찍는 독특하고 역사적이며 예술적인 방법으로 다시 유행하고 있다.

콜로디온 용액을 골고루 바른 유리판을 질산은에 담가 화학 코팅한 뒤 젖은 채로 카메라에 끼워 넣고 사진을 찍는다. 사진을 찍는 데는 매우 강렬한 빛이 필요하고 시간은 몇 초 정도 걸린다. 보다 현대적인 유형의 사진과는 달리, 습판 사진은 현상 시간이 극도로 짧다. 습판 사진을 찍는 사진가는 피로갤롤산으로 사진을 거의 즉각적으로 현상해 내기 위해 이동식 암실에서 작업한다.

〈작은 아씨들〉의 배우들을 찍은 습판 사진들은 제작 현장에서 장면과 장면 사이에 촬영되었다. 모든 주요 배우는 가능한 시간에 인물 사진을 찍고, 촬영장에서 사진가가 작업하는 동안 현상 과정을 지켜볼 수 있었다. 최종 결과물은 남북 전쟁 시대의 느낌을 포착해 낸 역사적으로 정확한 흑백사진으로 태어났다.

(위) 스틸 사진가 윌슨 웨브Wilson Webb가 오래된 사진 느낌을 주기 위해 특수 화학물질을 사용해 습판 사진을 현상하고 있다 (왼쪽) 습판 사진–조(시얼샤 로넌)

메그 마치

배우 엠마 왓슨

"자매라는 게 서로 머리를 땋아주고 함께 야식을 먹으며 끈끈한 결속을 다지는 그런 관계만은 아니에요. 자매들은 잔인하기도 해요. 솔직해지자고요. 하지만 제가 보기에, 그건 위대해지는 방법이에요. 자신에게 도전하는 사람들에 둘러싸여 있을 때 우린 강해지잖아요. 제 생각에 마치 자매들은 서로에게 그런 존재였어요." 엠마 왓슨은 말한다.

왓슨은 네 자매의 맏언니, 메그 마치 역을 맡았다. 메그는 열여섯 살에 가족의 생계를 위해 가정교사로 일하게 되지만, 집안이 곤궁해지기 전의 가족생활을 기억하고 있다. 종종 그녀는 자기도 모르게 또래의 소녀들이 즐기는 근사한 것을 갈망하고, 예전의 생활수준이 그대로 유지되었다면 자기가 지금 어떻게 지내고 있을지, 안타까운 마음으로 그려보곤 한다. "네 자매 중 메그가 좀 더 전통적으로 여성적이에요. 가슴 깊이 낭만적인데, 이는 조가 거부하는 것이죠. 그런 점에서 메그는 조를 돋보이게 하는 역할이에요." 왓슨은 말한다.

왓슨은 메그 역을 수락하기 전까지 『작은 아씨들』을 읽어보지 못했지만(『작은 아씨들』은 미국에서는 고전이지만, 왓슨의 고향인 영국에서는 교육 현장에서 그리 널리 읽히지 않는다), 세계적으로 사랑받는 네 자매 중 한 명을 연기하는 데 따르는 책임감을 이해했다. "숭배받는 텍스트라는 건 두말할 필요 없이 확실해 보였어요. 매우 중요한 작품, 매우 중요한 생각에 관한 이야기라는 사실도 분명히 알 수 있었죠. 그래서 할 수만 있다면 어떤 식으로든 그 이야기에 도움이 되고 싶었어요."

왓슨은 2016년부터 자신의 북클럽 '우리의 공유 책장'을 운영하고 있다. 자료를 찾아보는 일은 즐거웠다. "읽을거리가 정말 많더라고요. 『작은 아씨들』을 읽을 수도 있고, 루이자의 어머니 애비게일의 자서전을 읽을 수도 있고, 루이자 메이 올컷의 또 다른 책 『무즈』를 읽을 수도 있죠. 에머슨과 소로의 책을 읽을 수도 있고요. 이야기가 어쩌나 풍부한지 그 속에 발을 들이니 정신을 못 차리겠더라고요. 괜히 없는 얘기를 만들어낼 필요도 없고, 빈약한 내용에서 억지로 많은 걸 끌어내려 애쓸 필요도 없었어요. 이미 풍부한 세부사항과 뉘앙스로 가득 차 있었으니

(왼쪽) 마치 가족의 부엌에서 편지를 읽고 있는 메그

까요."

해리포터 프랜차이즈(지적 재산권이 있는 원작 매체를 다양하게 변주하여 많은 파생 작품을 만들어내는 상업 전략.-옮긴이)의 명석한 책벌레 헤르미온느 그레인저. 왓슨은 메그와는 사뭇 다르지만 비슷하게 사랑받는 문학적인 주인공을 스크린으로 옮겨놓으며 배우 활동을 시작했다. 이후 독립영화와 할리우드영화에서 다양한 역할을 맡아왔는데, 출연 작품으로 〈월플라워The Perks of Being a Wallflower〉(2012), 〈블링 링The Bling Ring〉(2013), 〈노아Noah〉(2014) 등이 있고, 사랑받는 디즈니의 작품을 실사로 재조명한 〈미녀와 야수Beauty and the Beast〉(2017)에서 주인공 벨 역을 맡기도 했다.

왓슨은 배우 경력 전반에 걸쳐 완전히 입체적인 캐릭터를 연기하는 것을 고집해 왔고, 여성 문제에 관해 거리낌 없이 의견을 말해온 것으로도 유명하다(2015년에는 유엔에서 남녀평등을 주제로 연설했다). 메그를 연기하게 됐을 때, 왓슨은 자신이 맡은 인물이 느끼는 남편과 아이들에 대한 욕구가 관습적이기는 해도, 자유분방한 여동생 조의 욕구만큼이나 유효한 것임을 인정하는 게 중요하다고 느꼈다.

> "요즘 누가 그런 식으로 재산을 물려받니?
> 돈을 벌려면 남자는 일을 해야 하고
> 여자는 돈 많은 남자와 결혼해야 해.
> 지독하게도 불공정한 세상이야."

"종종 사람들은 페미니스트가 무엇인지 생각할 때, 페미니스트가 되려면 결혼을 거부하고 여성적인 것도 모두 거부해야 한다고 생각하죠. 하지만 메그의 선택도 페미니스트의 선택이에요. 그녀는 엄마가 되고 싶어 해요. 아내가 되고 싶어 하죠. 그게 그녀가 마음으로 원하는 거예요." 왓슨의 말이다.

메그는 로리의 가정교사 존 브룩에게로 향하는 낭만적인 감정을 깨닫는데, 존은 자신의 감정을 들키지 않고 오랫동안 메그를 향한 연정을 불태운다. 심지어 메그의 장갑 한 짝을 몰래 품고 다니기까지 한다.

"제 생각에 메그는 존 브룩 같은 사람과 결혼하게 되리라고 상상하지는 않았을 것 같아요." 왓슨은 말한다. "그녀는 사랑에 빠지기를 원하고, 친절한 사람을 찾기를 바라지만, 궁핍한 가정 형편도 잘 알고 있어요. 그래서 자신과 가족을 부양할 매우 실질적인 방법을 제공할 수 있는 사람을 찾아야 한다는 압박감을 느끼고 있죠. 존 브룩은 처음 도착했을 때는 메그의 관심을 받지 못했어요. 하지만 이야기가 진행되면서 필요할 때마다, 위기 때마다, 계속해서 그녀 삶의 공백을 채워줘요. 그다지 화려하지는 않지만 어렵고 인내심을 요하는 일들을 해결해 주고 결국 사랑과 존경을 얻게 되죠."

메그는 마침내 존 브룩과 결혼하는데, 동화 같은 결말은 없다는 사실을 깨닫는다. 그레타 거윅의 시나리오가 '오랫동안 행복하게 살았습니다' 식의 가볍고 근거 없는 믿음에 대해 통찰력 있게 탐구해 가는 방식은 왓슨과 제대로 화음을 맞춘다. 영화는 메그가 아내라는, 아들딸 쌍둥이 데미와 데이지의 젊은 어머니라는 새로운 책임을 수행하느라 고생하는 모습을 지켜보게 한다. 화면에는 거의 드러나지 않지만 그런 메그를 연기하며 왓슨은 느끼는 바가 있었다.

왓슨은 말한다. "우린 여자들이 결혼하면 그게 이야기의 결말이 되는 상황에 너무 익숙해져 있어요. 메그가 엄마로서, 아내로서 여성성을 탐색하려고 노력하는 걸 보는 것 자체가 신선한 일이죠. 당신은 그 역할들을 어떻게 조화롭게 수행해 나가고 있나요? 관계에서 압박과 스트레스를 느낄 때, 어떤 식으로 관계를 보호하고 사랑하나요? 어떤 식으로 관계에 영양을 공급하죠? 감독님의 시나리오 초안을 읽었을 때, 여성들이 처한 이러한 복잡한 문제들을 매우 신중하게 다루고 있다고 느꼈어요. 대사들을 읽고 나서는 그것을 소리 내서 말하는 것이 의미 있는 작업이 될 거라는 걸 깨달았죠."

아바Ava와 소피아 젤미니Sophia Gelmini가 연기한 데이지,
브룩스Brooks와 클라크 몰러Clark Moller가 연기한 데미

제임스 노턴(존), 엠마 왓슨(메그)과 함께
장면에 대해 상의하는 그레타 거윅 감독

영화 속 소품

연극 소품 조는 글쓰기를 좋아하고, 에이미는 그리고 색칠하기를 좋아하며, 베스는 음악을 사랑하고, 메그는 연기하는 것을 좋아한다. 비록 무대에 오르는 직업을 진지하게 갈망하지 않는다고 할지라도(조의 격려에도 불구하고), 마치가의 장녀는 동생들과 함께 무대에 올린 가족 연극에서 큰 기쁨을 느낀다. 소품부는 자매들의 검과 방패를 페인트와 종이 찰흙으로 간단하게 고안해 만들었다. 소품 감독 굴릭은 말한다. "1860년대에 무엇을 가지고 있었을지 생각해 봐야 해요. 연극을 위해 쓸 돈은 얼마나 있었을까요?"

메그의 실크 어느 겨울날 오후에 메그는 콩코드의 상점에서 샐리 모팻(배우: 해들리 로빈슨Hadley Robinson. 시나리오에서는 "갖고 싶은 것을 얻기 위해 일하지 않아도 되는 데서 오는 나른한 권태로움의 분위기를 풍기는 부유한 젊은 여성"으로 묘사된다)과 함께 쇼핑을 한다. 그리고 곧, 감당할 여유도 되지 않으면서 '20야드', 즉 약 18미터의 천을 사 들고 가게 문을 나선다. 죄책감에 휩싸인 메그는 남편에게 쓸데없는 지출에 관해 어떻게 털어놔야 할지 고민하다가 좋은 생각이 날 때까지 옷감을 옷장에 숨겨두기로 한다. "대형 옷감 가게에서 실크를 구입했어요. 그 상점은 여전히 1860년대에 만들던 방식으로 실크를 제작하거든요. 그래서 색만 제대로 고르면 됐죠. 처음에는 시나리오대로 회색 천으로 찍기 시작했는데, 최종적으로는 파란색 천으로 찍은 것이 결정될 것 같아요." 굴릭의 설명이다.

메그의 장갑 존 브룩이 메그의 장갑 한 짝을 몰래 가져간다. 그가 메그에게 완전히 반해버렸다는 첫 번째 신호다. 마치가의 자매들은 빅토리아 시대의 예절에 따라 의상의 일부로 반드시 장갑을 착용해야 했다. 의상 디자이너 재클린 듀런Jacqueline Durran은 말한다. "장갑 착용 같은 복장 규칙에 대해 실제보다 엄격한 기준을 상정했어요. 결국엔 모두가 규칙에 얽매이지 않고 빅토리아 시대를 느슨하게 해석하고 싶어 했죠. 원래는 수작업으로 만들어 자수를 놓은 밝은 색 장갑을 준비했는데, 결국에는 안감이 들어가지 않은, 손에 꼭 맞는 어두운 색 가죽 장갑을 사용했어요. 속에 캐시미어나 모피 안감이 들어간 현대적인 장갑이 아니라, 훨씬 꽉 조이는 종류죠. 그렇지 않으면 손 모양이 매끈하게 드러나지 않거든요."

(위) 마치 자매들의 연극 공연을 위해 만든 수제 소품과 의상
(중간) 메그의 값비싼 구매품
(아래) 샐리 모팻과 쇼핑하며 길게 펼쳐진 고급 실크를 바라보는 메그
(오른쪽) 습판 사진–메그(엠마 왓슨)

베스 마치

배우 일라이자 스캔런

⁜

외향적인 세계에서 내향적인 사람으로 살아가기란 쉬운 일이 아니지만, 마치가의 자매들은 베스를 위해 집 안에 특별한 장소를 만든다. "우리는 사교적이고 시끄럽고 흥분되고 쾌활한 세상을 열망하며 그곳에서 살아가죠." 배우 일라이자 스캔런은 말한다. "베스에게는 제가 공감할 수 있는 매우 조용한 에너지가 있어요. 마미 마치는 베스가 이 조용한 기운을 기르고, 수줍은 성격에서 힘을 찾고, 다정다감한 것에 가치를 둘 수 있도록 도와주죠. 제 생각에 현대를 살아가는 우리는 그런 자질을 별로 가치 있게 여기지 않는 것 같아요."

수줍음 많고 내성적인 베스는 메그와 조와 에이미처럼 거창한 야망을 드러내 보이지는 않지만, 그것이 꼭 베스를 덜 흥미롭게 만드는 것은 아니라고 스캔런은 주장한다. 스캔런은 베스를 연기하며 풍요로운 실내 생활과 질병으로 인한 성숙함을 불어넣으려고 노력했다. 베스는 피할 수 없는 자신의 죽음과 삶의 덧없음을 이해하는 인물이다. "베스는 아주 오랫동안 아팠어요. 그러는 동안 자아실현과 발견의 여정을 거치고, 어린 시절에 깊이 감사하는 마음을 갖게 되며, 어린 시절이 어떻게 지금의 그녀를 있게 했고, 자신의 특정한 가치관과 삶에 대한 특정한 관점에 어떤 영향을 주었는지 생각해 보게 돼요. 아주 복잡한 성격이죠."

복잡하다. 그건 맞다. 하지만 스캔런은 베스와는 다른 차원의 위험하고 이중적인 캐릭터로 이미 자신의 실력을 입증받은 바 있다. 영화 〈나를 찾아줘Gone Girl〉(2014)의 원작자이자 시나리오 작가인 질리언 플린Gillian Flynn의 음침한 미스터리 소설을 드라마로 제작한 HBO의 〈몸을 긋는 소녀Sharp Objects〉(2018)에서 에이미 애덤스Amy Adams가 연기한 곤경에 처한

(왼쪽) 집에서 피아노를 연주하는 베스

기자 카밀의 십대 초반 이복동생 애머. 작은 미주리 마을을 파괴해 버릴 수도 있을 정도의 끔찍한 비밀을 품고 있는, 폭력과 분노에 휩싸인 소녀로 분한 스캔런의 연기는 비평가들의 극찬을 받았다.

물론 애머는 스캔런의 타고난 재능을 십분 활용할 수 있는 역할이었다. 하지만 스캔런이 내성적인 마치가의 소녀와 좀 더 연관성 있게 느껴진다고 해도 틀린 말은 아닐 것이다. "베스로 돌아온다는 것은 하나의 발견이었어요. 깊은 생각과 친절에서 힘을 찾아낼 수 있는 발견이요. 그건 이 세상에 그다지 충분하지 않은 자질이잖아요." 스캔런은 말한다.

오스트레일리아 시드니 토박이인 스캔런은 엄마와 쌍둥이 자매와 함께 연극을 보러 갔다가 연기에 관심을 두게 되었고, 어린 나이에 자신이 제작한 연극을(루이자 메이 올컷과 그 자매들처럼), 친구들을 배우로 초청해 무대에 올리기 시작했다. 고등학교 시절에는 오스트레일리아의 유명 TV 드라마 〈홈 앤 어웨이Home and Away〉에서 역할을 맡게 되었다. 나오미 왓츠Naomi Watts와 크리스 헴스워스Chris Hemsworth도 이 작품을 통해 연기 경력을 시작했다.

베스 역을 위해 스캔런은 나머지 자매들의 정신 속을 깊이 파고들었을 뿐 아니라, 어릴 때 연주했던 악기를 다시 연주하기 시작했다. 그녀는 몇 년 동안 피아노를 공부하다가 십대 시절에 그만두었다. 〈작은 아씨들〉을 준비하면서 그녀는 매일 2~3시간씩 피아노 연습을 했고, 틈틈이 새로운 노래도 배웠다. 조가 글을 쓰고 에이미가 그림을 그리는 것처럼, 베스는 음악을 통해 자신을 표현한다. 피아노는 그녀에게 중요한 감정의 배출구가 되어준다. 또한 그녀가 로리의 할아버지 로런스 씨와 유대감을 느끼게 해준다. 로런스 씨는 베스가 자기 집에서 피아노를 칠 수 있게 허락한다. 세상을 떠난 딸이 치던 피아노다.

"음악을 향한 베스의 열정은 수줍음을 극복하게 해주었고, 위기의 순간에도 삶에서 가장 중요한 부분인 가족과 결속하게 하는 방법이 되어주었어요. 여러 면에서 베스는 단순하게 삶과 사랑에 접근하지만, 음악은 확실히 그녀의 세상을 좀 더 나은 모습으로 채색했고, 세 자매와 함께 계속 성장해 갈 수 있으리라는 자신감도 주었죠." 스캔런의 말이다.

"리지"로 알려진 올컷의 여동생 엘리자베스가 베스의 모델이었다. 리지는 베스처럼 성홍열로 스물둘이라는 젊은 나이에 세상을 떠났지만 올컷의 소설 속에서 불멸을 얻었다. 리지의 친절과 겸손함이 베스에게 가장 중요한 두 가지 성격을 부여했고, 베스를 통해 리지는 조용히 인생을 살아가는 사람들이 활기 넘치는 사람들보다 덜 중요한 게 아니라는 사실을 계속 상기시킨다.

스캔런은 말한다. "힘은 다양한 장소에서 발견될 수 있고, 다양한 방식으로 표현될 수 있어요. 취약함 속에서도, 느끼고 싶지 않은 감정에 자신을 열어놓는 것을 통해서도 발견할 수 있죠. 내향적인 사람들은 그들만의 방식으로 하고 싶은 말을 하고, 그들만의 방식으로 세상을 향해해 나가요. 절대로 덜 중요한 존재가 아니죠. 부디 이 영화가 그들의 가치를 그렇지 않은 사람들이 이해할 수 있게 하는 하나의 방편이 되어주기를 바랍니다."

"내게 재능이 있다면 언젠가는 내 음악을 하게 될 거야."

(오른쪽) 습판 사진–베스(일라이자 스캔런)

로런스 씨의 아름다운 피아노를 연주하는 베스

영화 속 소품

베스의 피아노 수줍음 많은 베스는 음악에서 창의력을 발휘하고, 피아노는 곧 그녀의 열정이다. 제작진은 올컷의 여동생으로 베스의 모델이 된 리지가 즐겨 연주했던 악기를 오처드 하우스 세트장에 정확히 재현하기로 했다. 영화 속 피아노 캐비닛과 덮개를 씌운 녹색 벨벳 벤치의 색상은 매사추세츠주 콩코드의 오처드 하우스 박물관에 전시되어 있는 실물과 똑같다. 하지만 엄밀히 말해 박물관의 악기는 피아노가 아니라 19세기 리드 오르간의 일종인 미국식 멜로디언이다. 로런스 저택에서 베스는 훨씬 위풍당당한 그랜드피아노를 연주한다.

베스의 인형 베스가 가장 소중히 여기는 소장품인 조애너. 영화 속의 인형은 1800년대까지 그 역사가 거슬러 올라가는, 얼굴과 손이 도자기 재질로 된 빈티지 인형이라고 소품 감독 굴릭은 말한다. "다른 동물 봉제 인형은 우리가 만들었지만, 베스의 인형은 구입한 거예요. 그 시대에도 인형은 아주 많았거든요." 굴릭은 거윅 감독에게 약 스무 개의 인형을 제시했고, 감독은 베스가 가장 소중히 여길 것 같은 인형 하나를 선택했다.

(오른쪽 위) 로런스 씨의 그랜드피아노
(오른쪽 가운데) 로런스 씨가 너그럽게 베스에게 준 피아노
(오른쪽 아래) 자신의 가장 소중한 인형을 바라보는 베스
(위) 근접 촬영한 도자기 인형 조애너

영화 속 소품

약병 가난한 훔멜 가족에게 다녀온 후 성홍열에 걸린 베스. 끝내는 너무 젊은 나이에 죽음을 맞이하지만, 그 전에 별 효과를 보지 못한 이런저런 치료를 받게 된다. 굴릭은 말한다. “의료 부분 고증은 흥미로웠어요. 사실상 당시의 모든 약은 사람을 죽이는 약이었거든요. 누가 아프기라도 하면, 질병을 죽이겠다고 환자에게 수은을 주고, 납을 주고, 비소를 주곤 했죠. 피를 뽑을 때도 마취를 거의 하지 않았어요. 프랑스에서는 막 깨끗한 수술실을 개발하고 있었지만요. 당시 모르핀은 구하기 쉬웠지만, 물건을 깨끗하게 유지하고 올바른 도구를 사용할 방법은 많지 않았어요.”

그레타 거윅 감독은 베스를 잃은 상실감이 마미 마치와 다른 자매들에게 실로 엄청난 영향을 끼친다는 사실을 고려할 때, 이전의 〈작은 아씨들〉보다 베스가 견뎌내야 했던 일들을 좀 더 현실적으로 묘사하는 것이 무척 중요하다고 생각했다. “감독님은 베스의 투병생활을 깨끗하고 쉬운 것으로 만들고 싶어 하지 않았어요. 슬프고 불편한 것으로 만들고 싶어 했죠.” 소품 감독 굴릭은 말한다. 그는 당시 의사들이 사용했던 출혈 장치 외에 베스의 침실 주위에 뿌려놓을 가루, 액체, 틴크제(알코올에 혼합해 쓰는 약제.-옮긴이) 들을 조달했다. 병에는 위험한 물질 대신 맛있는 음료수를 채워놓았지만. “하나는 크림이었는데, 색을 좀 어둡게 하려고 인스턴트커피를 약간 섞어 넣었죠.”

(위와 오른쪽) 베스의 침대맡 탁자에는
치료제, 틴크제, 의료 용품 들이 가득하다

"삶을 두려워하는 것 이상으로
죽음을 두려워할 수는 없어."

에이미 마치

배우 플로렌스 퓨

똑똑하고 아름답고 타고난 재능에 확신이 넘치는 막내 에이미 마치. 배우 플로렌스 퓨에 따르면 가장 많은 오해를 받는 인물이다.

"에이미에 대해선 가족 중에서 가장 심술궂고, 가장 버릇없고, 원하는 건 뭐든 다 가져야 직성이 풀리는 아이라고 모두들 생각하죠." 퓨는 말한다. "이 역할이 정말 마음에 들어요. 관객들이 에이미의 총명함과 예민함을, 그녀가 얼마나 복잡하고 인간적인지를 보게 될 테니까요. 에이미는 짓궂고, 건방지고, 연애와 사랑, 돈과 부를 꿈꾸죠. 화가이고, 위대한 화가가 되지 못할 바엔 차라리 아무것도 안 하고 싶다고 생각할 만큼 최고의 화가가 되는 것에 엄청난 열정을 보여요. 연기하기 아주 까다로운 인물이에요."

에이미는 어쩌면 「가디언Guardian」 지가 "어마어마한" 배우라고 묘사했던 스물세 살의 영국 배우에게는 이상적인 역할일지도 모른다. 2014년 〈폴링The Falling〉으로 스크린에 데뷔한 플로렌스 퓨는 2016년에 긴장감 넘치는 인디영화 〈레이디 맥베스Lady Macbeth〉에서의 연기로 비평가들의 시선을 사로잡았다. 영화 속에서 그녀는 1800년대에 결혼으로 팔려 간 후 자신의 힘을 주장하기 위해 놀라운 방법을 찾아내는 17세 소녀를 연기했다. 2018년에는 〈리어왕King Lear〉에서 앤서니 홉킨스Anthony Hopkins를 상대해 코델리아를 연기했고, 존 르 카레John le Carré의 소설 〈리틀 드러머 걸The Little Drummer Girl〉을 각색한 6부작 드라마에서 주연을 맡았다. 영화 〈아웃로 킹Outlaw King〉에서는 크리스 파인Chris Pine의 상대역을 연기했고, 아리 에스터Ari Aster 감독의 호러 히트작 〈유전Hereditary〉의 후속작인 〈미드소마Midsommar〉에

(왼쪽) 교실에 앉아 있는 에이미

파리에서 그림을 그리는 에이미

도 출연했다.

퓨에게 연기는 가족력이다. 에이미와 마찬가지로, 그녀는 형제자매가 셋 있고(퓨는 셋째이다), 그중 두 명이 배우다. 오빠 토비 서배스천Toby Sebastian은 드라마 〈왕좌의 게임Game of Thrones〉에서 트리스탄 마르텔을 연기했고, 언니 아라벨라 기빈스Arabella Gibbins는 연극배우다. 퓨와 다른 형제자매 사이의 긴밀한 관계는 그녀가 에이미 역에 어떻게 접근해야 할지 구상할 때 많은 것을 끌어낼 수 있게 해주었다. 이는 퓨가 루이자 메이 올컷의 소설에서 가장 공감이 간다고 생각했던 측면이기도 했다.

"자매의 유대감은 모든 것이죠. 그게 책을 관통하는 주제예요. 이 소설은 자매가 된다는 것이 무엇인지 강조하죠. 그들은 서로를 사랑해요. 서로를 미워하기도 해요. 계속 말싸움도 하죠. 키스도 해요. 그리고 서로를 위해 울어줘요."

마치가의 소박한 환경에도 불구하고, 에이미는 자신이 예술에만 전념할 수 있도록 해줄 사치스러운 삶을 열망한다. (실제로 '메이'라는 이름으로도 알려진 올컷의 막내 여동생 애비게일은 보스턴과 유럽에서 공부한 재능 있는 화가였다. 1877년에 그녀의 작품 중 하나가 파리의 살롱에서 전시되기도 했다.) 에이미는 삶에서 자신이 원하는 것이 무엇인지 소리 높여 이야기하고, 출세해서 높은 지위로 나아갈 결심을 한다.

퓨는 말한다. "『작은 아씨들』은 내게 중요한 책이었어요. 단지 네 명의 천사 같은 소녀들만 강조하는 이야기가 아니기 때문이에요. 이 책은 그들의 갈망에 관해서도 이야기해요. 그들이 얼마나 열정적으로 무언가를 성취하고 싶어 하며, 얼마나 열정적으로 무언가가 되고 싶어 하는지 이야기하죠. 이런 이야기는 여자에 관한 이야기든 남자에 관한 이야기든 늘 매력적이에요." 영화에서 에이미와 조는 불같은 성격 탓에 갈등을 빚는다. 에이미가 질투와 분노 때문에 조의 유일한 소설 원고를 태워버린 뒤 두 사람은 크게 충돌한다. 그러나 함께 영화를 촬영한 조 역의 시얼샤 로넌은 퓨가 마치 자매들의 막냇동생 캐릭터에 담아낸 진취성에 감동했다고 말한다. "플로렌스는 이전에 누구도 해낸 적 없는 일을 에이미 역을 통해 성취해 보였어요. 에이미에게 신랄함을 주었죠. 에이미는 감성적인 소녀가 아니에요. 플로렌스는 그녀 같은 배우만이 피울 수 있는 불길을 에이미 역할에 피워놓았어요."

(오른쪽) 습판 사진–에이미(플로렌스 퓨)

"재능과 천재성은 달라.
열정이 아무리 많아도 그 틈을 메울 순 없어.
난 위대한 화가가 되지 못할 바엔
차라리 아무것도 안 하고 싶어."

"난 하고 싶은 일이 많지만 그중에서 한 가지만 고르라면
화가가 돼서 로마에 가는 거야. 거기서 좋은 그림을 그리면서
세상에서 제일 훌륭한 화가가 되고 싶어."

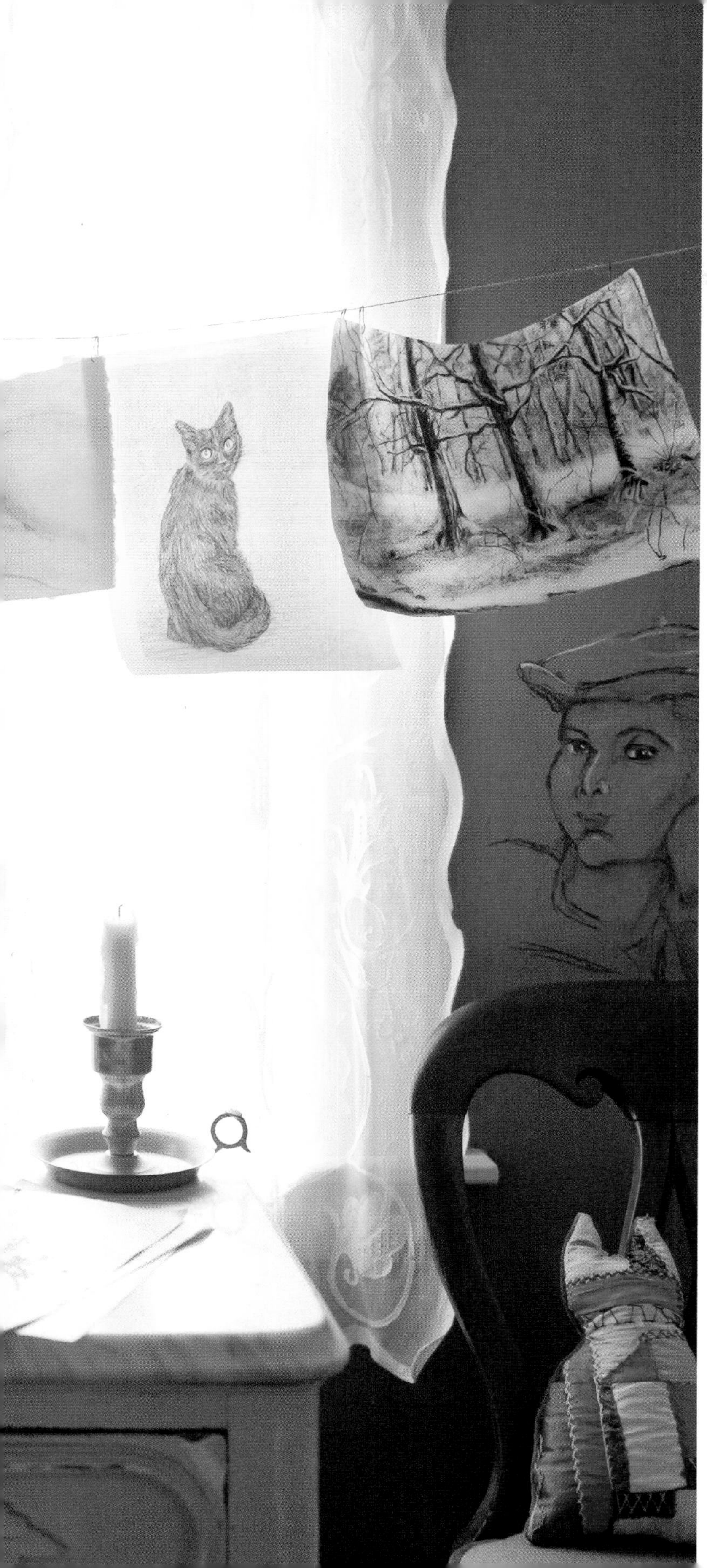

영화 속 소품

에이미의 작품 에이미는 어린 시절부터 많은 그림을 그렸다. 그녀가 베스와 함께 쓰는 침실은 연필 스케치와 여러 예술적 장식으로 뒤덮여 있다(벽에 그려놓은 흰 백합도 포함된다). 나중에 파리로 공부를 하러 가서 에이미는 자신이 가장 존경하는 18, 19세기 예술가들이 그린 것과 같은 사실적인 기법으로 유화를 그린다. 제작사는 매사추세츠주 월섬에 기반을 둔 화가 켈리 카모디Kelly Carmody에게 에이미의 그림들을 부탁했다. 플로렌스 퓨가 화면에서 어찌나 자연스럽게 연기를 하는지, 퓨 자신이 그리는 것처럼 보이지만 말이다. 소품 감독 데이비드 굴릭은 말한다. "에이미(퓨)가 드로잉을 하거나 색을 칠할 때면, 정말 성공한 화가처럼 보여요. 연습을 많이 한 거죠."

에이미의 나무 양동이 마치 자매들의 어린 시절에 일어났던 희극적인 에피소드 중 하나. 에이미는 발을 석고로 뜨려다가 석고가 굳으면서 양동이에 발이 붙어버린다. 굴릭 소품 감독은 이 장면을 위해 당시에 사용하던 단순한 모양의 나무통을 찾아냈다. "소석고는 당시에 꽤 흔했어요. 발에 기름칠을 하고 양동이에 집어넣은 뒤 회반죽을 쏟아 붓는 거죠. 정말 뜨거웠을 테고, 쉽게 굳어버렸을 거예요. 하지만 발이 가늘어서 양털 기름을 조금 넣고 약간 움직여주면 석고에서 빠져나와요. 석고 높이가 그리 높지는 않거든요."

(위) 에이미의 팔레트
(왼쪽) 에이미와 베스가 함께 사용하는 침실에 에이미의 스케치들이 장식돼 있다

장면 해부하기

얼음물 속에 빠지는 에이미

이제 『작은 아씨들』에서 가장 괴로운 순간 중 하나를 지켜봐야 한다. 질투심에 사로잡혀 언니 조의 원고를 태워버린 뒤 어떻게든 화해하고 싶어 하는 에이미는 조가 로리와 스케이트를 타러 집 근처 강으로 나가자 두 사람을 따라간다. 아직 화가 많이 나 있는 조는 에이미를 무시하고 로리와 경주를 하러 달려 나간다. 그리고 그 순간, 조는 얼음이 깨지는 소리와 함께 심장을 얼어붙게 하는 비명을 듣는다. 에이미가 얼음 위로 뛰어들었다가 얼음이 갈라지면서 차가운 물속으로 빠져 익사 직전에 처한 것이다.

이 극적인 순간을 화면으로 옮겨놓을 최고의 방법을 결정하는 건 쉬운 일이 아니었다. 녹색 스크린으로 에워싼 무대에서 해당 장면을 촬영하고 콩코드에 있는 자연 연못의 모습을 디지털 이미지로 추가해 넣는 방법이 검토되었다. 하지만 시각효과 감독 브라이언 드루즈Brian Drewes는, 이러한 방법이 영화의 나머지 부분에서 보여준 현실에 기반을 둔 실사 접근 방식과 어울리지 않을 것을 우려했다. "그 방법은 이런 종류의 영화 제작에는 올바른 해결책처럼 느껴지지 않았어요."

드루즈의 회사 제로 VFX는 영화 〈작은 아씨들〉의 약 2백 개의 시각효과 장면을 처리했다. 드루즈는 이어서 설명한다. "사고가 일어난 강 쪽에서 보면 마치 가족의 집은 바로 위쪽에 있어요. 로런스 저택도요. 이렇게 지리적으로 묶여 있을 때 등장인물들은 느끼는 게 많아요. 녹색 스크린 촬영장에 배우들을 세워놓으면, 비록 기술적으로는 그렇게 하는 게 더 쉬운 해결책이라 하더라도, 그들이 느끼는 감정이 다소 정당성을 잃게 되고, 결국에는 그게 화면에 드러나게 되죠. 원하는 연기 결과를 얻지 못할 수도 있어요."

그래서 제작진은 나중에 디지털 이미지를 사용해 보강하기로 하고 실용적인 접근 방식을 선택했다. 특수효과 코디네이터인 앤디 웨더Andy Weder가 이끄는 특수효과 팀은 마치 가족의 집과 로런스 저택 외관이 세워진 곳 인근의 연못 가장자리를 빙 둘러 교각식 부두를 설치했다. 드루즈는 나중에 그 지역을 그대로 다시 만들 수 있도록 지도화하느라 많은 시간을 보냈다.

"장면이 촬영되기 사흘 전쯤 그곳에 가서 로런스 저택, 마치 가족의 집, 연못 지역 전체 부지를 정밀하게 조사했습니다. 그러기 위해서 'LIDAR'라는 시스템을 사용했는데, 기본적으로는 레이더예요. 촬영 후에 모든 장면을 디지털로 재현하기로 했기에, 연못 주변을 빙 따라 돌며 풍경의 기하학적 형상을 포착했어요. 연못 지역과 전체 부지를 디지털로 재창조할 때 뭐가 어디 있는지 알아야 하니까요."

처음에 특수효과 팀은 교각식 부두 위에 인공 스케이트 표면을 설치하는 것을 고려했지만, 비용이 너무 많이 들 뿐 아니라 시각효과 팀에게는 불가능한 작업이었다. 평평한 표면을 실제 얼음처럼 설득력 있게 위장할 수가 없었던 것이다. 특수효과 팀의 웨더가 설명한다. "흰색이라는 게 문제였죠. 얼음처럼 반사하는 효과를 낼 수가 없다는 게 시각효과 팀 의견이었어요. 하지만 특수효과 팀은 그걸 원했죠. 그게 모두가 보고 싶어 하는 거고요. 호수가 얼면 약간 반사광을 띠거든요."

시각효과 감독 드루즈가 덧붙인다. "현대식 스케이트장이 아니니까요. 전혀 손질이 안 되어 있고, 그래서 약

촬영을 준비하고 있는 시얼샤 로넌(조), 티모시 샬라메(로리), 촬영 팀

간 자연적인 면이 있죠. 반사광이야말로 우리가 보고 싶어 하는 중요한 요소 중 하나였어요."

얼음 표면처럼 보이도록 '렉산'이라는 반사성 플라스틱 표면이 설치됐지만, 혹한의 날씨 때문에 렉산을 한 자리에 고정해 놓을 수가 없었다. "햇빛에 노출이 되면 팽창·수축하기 때문에, 바람이 불면 몇 장이 들려 물 속으로 던져지곤 했어요." 특수효과 팀의 웨더가 말한다. (해결책은? 강력한 투명 포장 테이프였다.)

제작진은 부두의 끄트머리에 2.4×2.4×1.2미터 크기의 물탱크 하나를 설치해 놓고, 투명한 아크릴 표면으로 덮은 다음 왁스칠을 해두었다. 그것이 에이미가 얼음이 깨져 강에 빠질 때 에이미 역의 플로렌스 퓨가 들어가게 될 웅덩이였다. "떠다니는 왁스는 꼭 떠다니는 얼음 같아요. 태양 빛을 받으면 약간의 눈부심을 주고 빛도 좀 내죠." 웨더의 설명이다.

소품 팀은 배우들과 대역 스턴트맨들이 가짜 얼음 위를 미끄러져 가게 돕기 위해 특별한 스케이트를 준비했다. 소품 감독 데이비드 굴릭은 소설의 시대 배경이 되는 시기에 만든 갈색 가죽과 강철 재질의 스케이트를 찾아냈고, 그것을 특수효과 팀에서 복제하고 용도에 맞춰 변경했다. 구체적으로는 소품 스케이트 날 안쪽에 넣을 수 있는, 폴리우레탄으로 코팅한 두 종류의 롤러 베어링 세트를 사용했다. "멀리서 보면 아이스 스케이트인지, 롤러 블레이드인지 구분할 수 없어요. 바퀴가 아주 작아서 많이 미끄러지는 롤러 블레이드와는 다르거든요." 웨더의 말이다.

카메라 영상을 검토하는 그레타 거윅 감독과 제작진

아침에 플라스틱 표면이 거의 얼음 같을 때는 단단한 바퀴가 적당했지만, 표면이 따뜻해지면서 미끄러워지면 부드러운 바퀴가 훨씬 큰 견인력을 제공했다. 웨더가 말한다. "스턴트 배우들이 두 종류의 바퀴를 모두 사용해 보니, 발을 바닥에서 떼어낼 때 견인력이 좋은 바퀴가 있고, 발을 바닥으로 밀 때 견인력이 좋은 바퀴가 있더라고요. 그래서 두 종류의 바퀴를 결합한 거죠."

스케이트 여섯 켤레가 제작되었다. 스턴트 배우 세 명이 한 켤레씩, 시얼샤 로넌(조), 티모시 샬라메(로리), 플로렌스 퓨(에이미)가 한 켤레씩 사용했다. 아이스 스케이팅 강사이자 하버드 대학교 여자 하키팀 코치이기도 한 조 그로스만Joe Grossman이 특별 제작된 스케이트를 신은 배우들에게 강습을 해주고, 해당 장면을 촬영하는 동안 함께 머물렀다.

보스턴, 12월의 추운 어느 날. 이 장면을 촬영하는 동안 플로렌스 퓨와 그녀의 스턴트 배우는 엄청난 불편함을 참아내야 했다. 에이미가 얼음에 빠지는 장면을 연기하며 퓨는 부두 아래 설치된 물탱크 속으로 뛰어들었다. 비록 물의 온도가 실제 호수보다 높기는 해도, 13도에서 17도 사이를 오갔기에 편안할 정도로 따뜻하지는 않았다. "온도와의 싸움이었어요." 웨더가 말한다. "바깥이 너무 추워서 특정 온도 이상으로 물을 데우면 김이 올랐는데, 김이 찍히면 안 되니까요."

촬영하는 동안 퓨와 스턴트 배우(그녀는 때로 15분이나 추운 물탱크 속에 머물러 있어야 했다)는 체온을 유지하

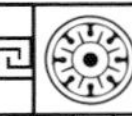

가짜 얼음에서 사용할 용도로 설계된 특수 스케이트

기 위해 의상 속에 잠수복을 입고 있었다. 장면과 장면 사이에는 38도까지 데워져 임시 욕조 역할을 하는 산업용 수조에 들어가 있었다. "북동부 지역이잖아요. 그 정도가 최선이었죠." 웨더가 말한다.

촬영이 끝난 뒤 시각효과 팀 드루즈의 작업이 본격적으로 시작되었다. 드루즈와 제로 VFX의 시각효과 아티스트들은 촬영장에서 찍은 장면에 효과를 입혔다. 빛이 자연스럽게 얼음에 반사되도록 신경 쓰며 부두와 인공 얼음 표면이 주변 자연경관에 매끄럽게 통합되도록 작업했다. "자연적인 연못의 가장자리를 따라 부두가 빙 둘러 있었죠. 부두가 수면보다 훨씬 높아 실제 연못의 수위를 높이는 작업을 해주어야 했습니다. 연못에 30~60센티미터 정도 물을 더 채우고 그걸 디지털 방식으로 얼리는 거죠. 최종 목표는 배우들이 얼음 위에 있는 것처럼 보이게 하는 겁니다." 드루즈의 설명이다.

장면과 장면 사이. 물속에 앉아 있는 플로렌스 퓨(에이미)
(다음 페이지) 촬영 감독 요리크 르 소가 로리와 조가 물속에서 에이미를 끌어내는 장면을 촬영하고 있다

11/12
SUPER PEEWEE IV

마미 마치

배우 로라 던

⁂

아카데미 후보에 오른 바 있는 배우 로라 던. 그녀가 열세 살 때 처음으로 읽은 『작은 아씨들』은 그녀에게 혁신적인 발견처럼 느껴졌다. "조에게 자신의 분노를 존중하라고 했던 마미의 조언을 잊을 수가 없어요. 그 기억이 늘 나와 함께했어요. 아름답지 않거나 부적절하다고 생각되는 건 주변에서 차단해 버려야 한다고 조언하는 이야기는 정말 많이 읽어봤어요. 그런데 루이자 메이 올컷은 바로 그 아름답지 않고 부적절한 대상들에 관해서, 그리고 자기 자신을 온전한 인간이 될 수 있도록 허용하는 것에 관해서 썼죠. 그런 조언을 하는 엄마 캐릭터라니! 제가 책을 읽었던 1980년대에도 급진적으로 느껴졌어요. 아이들에게는 여전히 필요한 메시지예요. '진실하고 깊은 자아가 되어라. 다른 사람이 네게 헛소리하게 하지 말고, 네 분노, 네 취약함, 네 관능, 네 유머, 네 우아함에 관해 왈가왈부하게 하지 마라. 그게 바로 너라는 사람이니까.'"

로라 던을 마미 마치로 캐스팅한 것은 누가 봐도 옳은 선택이었다. 던은 다방면의 여성 캐릭터를 그려내는 것을 인생의 사명으로 삼은 뛰어난 배우다. 명품 미니시리즈 〈빅 리틀 라이즈Big Little Lies〉에서 베이 지역에서 일하는 워킹맘 역할로 에이미 조연상을 받았고, 가슴 아픈 드라마 〈더 테일The Tale〉에서는 힘겨운 어린 시절을 보낸 다큐멘터리 영화제작자로 분해 다시 후보에 올랐다.(2020년에는 영화 〈결혼 이야기Marriage Story〉로 골든글로브 여우조연상을 받았다.-옮긴이)

로라 던은 말한다. "어떤 작품이든 강한 여성 캐릭터를 묘사하는 것에 가장 신경을 쓰고 있어요. 영화 〈작은 아씨들〉에서 '강한'이라는 말은 다양한 방법으로 정의되고, 그게 바로 『작은 아씨들』이 특별한

(왼쪽) 마치 자매들의 사랑하는 어머니, 마미 마치

병세가 악화되어가는 딸 베스를 위해 기도하는 마미 마치

> "너희가 보여준 사랑과 존경, 신뢰는
> 너희 본보기가 되기 위해 내가 기울인 노력을 보상해 주고도 남았단다.
> 그것들이야말로 최상의 선물이었던 거지."

이유죠. 루이자 메이 올컷은 야망으로서의 힘, 독립으로서의 힘, 예술로서의 힘, 결혼 및 육아로서의 힘, 운동가로서의 힘을 작품 속에 설정해 놓았어요."

올컷은 정성을 다해 다른 사람을 돌보는 마미의 열정을 응원했다. 던이 촬영장에 들어서기 전에 했던 광범위한 조사에 따르면 마미의 이러한 열정은 올컷의 어머니인 애비게일의 기질이기도 했다. "올컷의 어머니는 노예제도 폐지론자, 페미니스트, 미국의 첫 번째 사회복지사였어요. 놀라운 여성이었죠. 자녀를 동등한 인간으로 존중하고 어리다고 무시하지 않는 어머니이기도 했고요. 그것이 작품 전체의 핵심이라고 생각돼요. 그런 에너지로 키워졌기에 올컷이 혁신적인 작가가 될 대담함을 갖추게 되었을 거예요." 로라 던의 말이다.

루이자 메이 올컷과 그녀의 자매들이 자신들의 마미에게 끌렸던 것과 같은 방식으로 촬영장에서 마치 자매들을 연기한 배우들도 던에게 끌렸다. 시얼샤 로넌은 말한다. "로라 던은 믿기 힘들 정도로 모성애가 강하고 따뜻해요. 그녀 자신도 훌륭한 어머니이고, 그게 온몸을 통해 발산되죠. 그녀는 마미를 자신만의 고유한 캐릭터로 만들어냈어요. 마미가 한계점에 달해서 금방이라도 무너져 내릴 것 같은 사적인 순간들이 몇 번 있는데, 그때마다 그녀는 있는 힘을 다 그러모아서 딸들을 위해 미소 짓죠. 로라는 몇 초 만에 그런 모습을 화면에서 보여줄 수 있는 엄청난 능력을 갖춘 배우예요."

(오른쪽) 습판 사진–마미 마치(로라 던)

마치 대고모

배우 **메릴 스트립**

⁂

"생각하라고 네게 돈을 줄 사람은 아무도 없어."

모든 집안에는 마치 대고모가 있다. 낮잠을 좋아하고, 가장 부적절한 상황에서도 당신의 견해를 알리는 데 거리낌이 없는, 나이 들고 독선적인 친척 고모. 호화로운 플럼필드 대지에서 수다스러운 앵무새와 함께 사는 이 엄청나게 무뚝뚝한 친척을 묘사하기 위해, 영화 〈작은 아씨들〉 제작진은 누구보다도 마치 대고모 같은 여성, 메릴 스트립을 찾았다. 예외 없이 모두에게 찬사를 받는 연기의 전설, 메릴 스트립은 자신이 맡은 역할에 유머뿐만 아니라 약간의 변덕과 진지함까지 불어넣었다. "메릴은 정말 마치 대고모처럼 히스테릭해요. 집안마다 익살스럽게 느껴질 만큼 입바른 소리를 하는 그런 친척이 한 명쯤은 있잖아요. 그게 바로 마치 대고모, 메릴이 근사하게 연기해 낸 인물이죠." 엠마 왓슨의 말이다.

(왼쪽) 마치 대고모 (위) 마치 대고모가 아끼는 푸들

"사람은 옳고도 어리석을 수 있지."

촬영장. 플로렌스 퓨(에이미),
메릴 스트립(마치 대고모), 그레타 거윅 감독

시어도어 '로리' 로런스

배우 티모시 샬라메

※

많은 독자들이 19세기 문학 속의 음울하고 무뚝뚝한(그러나 심장을 고동치게 하는) 세 남자, 즉 『폭풍의 언덕*Wuthering Heights*』의 히스클리프, 『제인 에어*Jane Eyre*』의 로체스터, 『오만과 편견*Pride and Prejudice*』의 다시를 만나기 전에 시어도어 '로리' 로런스와 먼저 마주친다. 음울하고 무뚝뚝한(천성적으로) 로리는 가족이라고는 가정교사 존 브룩과 엄한 할아버지 로런스 씨뿐인 고아로, 마치 자매들의 소박한 집 맞은편의 너른 대지에 살고 있다.

그런데 조 마치가 로리의 삶에 들어선다. "로리는 조의 가장 친한 친구가 돼죠." 배우 티모시 샬라메는 말한다. "마치 자매 모두와 친구가 돼요. 로리의 어린 시절은 최고로 근사하다고 할 만한 시간들은 아니었을 거예요. 재정적으로는 부유하지만 친구가 없어서 사회적인 활동이라고 할 만한 것에 전혀 참여하지 못했으니까요. 로리는 집에서 교육을 받아서 사실상 가정교사 브룩 씨와 집에 갇혀 있어요. 그런 로리가 마치가의 소녀들과 독특하고, 놀랍고, 감질나고, 서로를 응원하는 관계를 맺게 되죠. 마치 자매들은 로리의 성장을 돕는데, 특히 로리는 자신이 사랑에 빠진 조에게서 많은 도움을 받아요."

샬라메의 성장 과정도 로리와 크게 달랐다고는 할 수 없다. 그는 컬럼비아 대학교와 뉴욕 대학교에서 공부하기 전에 뉴욕의 명문 라과디아 음악·미술·공연예술 고등학교에 다녔고, 가족 모두가 예술에 열정적이었다(누나 폴린도 전문 배우다). 샬라메는 제이슨 라이트맨Jason Reitman 감독의 영화 〈멘, 우먼 & 칠드런Men, Women & Children〉(2014)으로 데뷔했고, 같은 해 크리스토퍼 놀런Christopher Nolan 감독의 영화 〈인터스텔라Interstellar〉에도 출연했다. 그 후 몇 편의 인디영화에서도 배역을 맡았다.

(왼쪽) 에이미에게 프레드 본과 결혼하지 말라고 이야기한 직후의 로리

가디너 저택에서 열린 새해 전야 무도회. 조와 로리의 운명적인 첫 만남

2017년, 샬라메는 그레타 거윅 감독의 〈레이디 버드〉(레이디 버드의 마음을 훔치는 매력적이고 침울하고 무뚝뚝한 카일 역)와 〈콜 미 바이 유어 네임Call Me by Your Name〉에서 선보인 탁월한 연기 덕분에 최고 배우의 대열에 들어선다. 〈콜 미 바이 유어 네임〉에서는 1980년대 이탈리아를 배경으로 아버지의 보조 연구원 아미 해머와 사랑에 빠지는 17세 엘리오 역을 맡아 아카데미 남우주연상 후보에도 올랐다. 이듬해인 2018년에는 영화 〈뷰티풀 보이Beautiful Boy〉에서 약물 중독과 회복, 재발의 고통스러운 주기에 갇힌 젊은 청년을 연기했다.

그레타 거윅 감독과의 재결합, 〈레이디 버드〉에서 함께했던 배우 시얼샤 로넌과 다시 연기할 기회를 얻게 되리라는 점으로 샬라메는 〈작은 아씨들〉 출연을 쉽게 결정했다. 샬라메는 말한다. "시얼샤는 함께 작업했던 배우들 중에서 특히 좋아하는 사람이에요. 가끔 시얼샤에게서 배우는 것 같은 느낌을 받죠. 시얼샤의 에너지, 배우로서의 재능, 시얼샤가 자신의 재능에 접근하는 방식이 손에 잡힐 정도로 뚜렷하다는 사실에 감사해요. 그런 사람 주위에 있다는 건 정말 놀라운 일이거든요. 시얼샤는 정말 뛰어난 배우예요."

마치 자매 모두와 특별한 유대를 형성하기는 하지만, 로리와 조, 두 사람의 관계는 작품의 초반부터 눈에 띈다. 장난스러운 소울메이트, 규칙을 싫어하는 재치 있는 악동들, 삶에서 나름의 길을 가는 데 전적으로 만족하는 창의적인 마음의 소유자들. 그들의 상호 작용은 분명히 두 사람이 함께할 운명이라는 사실을 암시하지만, 인생은 예상대로 흘러가지 않는다.

로리가 조에게 자신의 감정을 고백하고 청혼하지만 거절당하는 장면은 고전 문학에서 가장 고통스러운 장면 중 하나로 이야기되고 있다. 배우 로넌과 샬라메가 스크린에서 이 장면을 재현해 보인다면? 고통이 더하면 더했지 결코 덜하지는 않을 것이다.

샬라메는 말한다. "로리와 조는 동전의 양면과도 같아요. 한편으로는 서로를 완성하는 존재인데, 청소년기에 확실히 그렇죠. 최고의 우정이 멋진 결혼 생활로 이어질 수 있다고 주장할 수도 있겠지만, 그건 상당히 큰 주제이자 논쟁거리잖아요. 최고의 우정 때문에 서로를 갈가리 찢어놓을 것이라는 정반대의 주장도 똑같이 유효할 수 있으니까요."

(오른쪽) 습판 사진–로리(티모시 샬라메)

로리의 고백 이후.
상처 입은 마음으로 서로의 관계에 대해 이야기하는 조와 로리

영화 속 소품

우편함 열쇠 로리는 마치 자매들과 은밀하게 소통하기 위해, 그리고 그들의 다락방 회합에 자신을 받아들여준 것에 감사를 표하기 위해, 편지, 원고, 책, 꾸러미 등을 전달할 용도의 우편함을 울타리 안에 설치한다. 그리고 자매들에게 각기 다른 색의 리본을 묶은 열쇠를 하나씩 선물한다. "근사해 보이는 열쇠를 사서 낡아 보이게 만들었어요. 놋쇠 재질이라 낡아 보이게 하는 게 무척 간단해요. 그냥 손에 쥐고 있다가 사포와 약간의 염화수소산을 이용해서 조금 더 망가뜨리면 되죠. 염화수소산은 물을 탄 염산인데, 벽돌 산책로를 청소할 때 사용해요." 소품 감독 데이비드 굴릭의 설명이다.

로리의 반지 로리가 끼고 있는 반지는 사랑하는 조에게 선물받은 것이다. 경매에서 사들인 19세기 진품 도장을 이용해 런던의 보석 디자이너 제시카 디로츠Jessica de Lotz가 디자인했다. 의상 디자이너 재클린 듀런은 'Quick'이라는 단어가 새겨진 증기 기관차 이미지가 들어간 반지를 선택했다. "기발하고 개성적이고 독특하게 보여야 한다고 생각했어요. 어린애 같은 두 젊은이가 서로 주고받을 만한 보석이어야 하니까요. 두 사람이 가지고 있다가 서로에게 주어야만 하는 것이고, 그렇다고 지나치게 소중한 건 아니죠." 듀런의 설명이다.

(위) 다락방 회합의 우편함 열쇠
(오른쪽) 우편함을 확인하는 조

프리드리히 바에르

배우 루이 가렐

⁂

조 마치의 마음을 얻으려면 실로 특별한 사람이어야 한다. 프리드리히 바에르는 더 나은 미래를 찾아, 고아가 된 두 조카를 교육시킬 돈을 벌기 위해 뉴욕에 이민 온 가난한 철학 교수다. 바에르 교수는 조가 뉴욕에 도착한 지 얼마 되지 않았을 때 그녀를 만난다. 둘은 같은 하숙집에 살면서 문학, 연극, 진보적인 이상에 관한 열정을 공유한다. 하지만 그는 조가 생계를 위해 파는 선정적인 이야기는 별로 좋아하지 않는다.

조의 낭만적인 상대역을 연기한 프랑스 배우 루이 가렐Louis Garrel은 말한다. "바에르 교수는 조가 열망하는 세상, 즉, 책과 지식의 세계에서 온 사람이죠. 선생이며, 유럽 출신이에요. 조는 바에르 교수가 속해 있는 세상을 꿈꿀 수 있는 사람이죠. 두 사람이 만나면 갑자기 무슨 일이 일어나기도 하는데, 그게 뭔지 설명할 만한 방법은 없어요. 그들의 관계는 매우 열정적이고 깊습니다."

『작은 아씨들』의 팬들은 사랑하는 여주인공이 자기보다 나이가 스무 살쯤 많고, 머리는 덥수룩한 데다 "잘생긴 얼굴은 아닌" 남자 때문에 로리를 차버렸다고 분노했다. (한때 프랑스에서 가장 매력적인 남성 중 한 사람으로 선정되기도 했던 가렐을 조의 상대역으로 선택함으로써 그레타 거윅 감독이 원작에서 벗어난 것은 분명해 보인다.) 게다가 바에르 교수는 재능을 좀 더 나은 것에 사용하라고 재촉하면서 조를 가혹하게 비판하는 것에 전혀 거리낌이 없다.

그러나 시얼샤 로넌은 바에르 교수 캐릭터에 대한 가렐의 접근이 조가 그에게 한없이 끌리고 감탄할 만한 모든 자질을 이끌어냈다고 이야기한다. "가렐은 바에르 교수에게 겸손함을 가져다주었고, 매우 가혹하고 차갑게 느껴질 수 있는 대사들을 아주 정직한 느낌이 들게 연기했어요. 관객들도 바에르 교수가 조에게 보여주는 정직함과 사랑에 빠져들 수밖에 없을 거예요. 지금까지는 누구도 조의 콧대를 꺾어놓지 못했지만, 제 생각에 조에게는 그런 존재가 필요했거든요."

존경받는 영화제작자 필리프 가렐Philippe Garrel과 배우 브리짓 시Brigitte Sy의 아들인 루이 가렐. 그런 그도 시얼샤 로넌과 폭발적인 장면을 연기할 때면 완전히 능력 밖이라는 기분이 들었다고 한다. "처음 시얼샤와 함께 연기할 때, 그녀가 오케스트라의 수석 바이올린 연주자이고, 저 자신은 그녀를 본받으려 애쓰는 열등한 바이올린 연주자 같은 기분이 들었어요. 그녀는 아주 특별한 속도로 연기를 해요. 굉장히 빠르죠. 전 빠르지 않아요. 영어도 그리 유창하지 않고요. 시얼샤가 너무 빨라서 가끔은 제가 너무 느린 게 아닌지 겁이 날 정도였어요."

(왼쪽) 프리드리히 바에르(루이 가렐)

"말들의 코밑을 그토록 용감하게 지나가고
진창길을 그렇게나 빨리 뚫고 가는
굳센 아가씨가 누군가 했더니
내가 아는 사람이군요."

영화 속 소품

윌리엄 셰익스피어 작품 전집 바에르 교수는 셰익스피어의 〈십이야Twelfth Night〉 공연장 뒤편에서 있는 조의 모습을 훔쳐본 뒤 그녀에게 자신의 존경심을 전하는 아름다운 징표(런던의 소매점에서 구매한 셰익스피어의 빈티지판)를 선물한다. 선물과 함께 직접 적어 건넨 메모의 내용은 다음과 같다.

> 다락방의 작가에게
>
> 당신이 오늘 밤 연극을 너무도 즐기는 것을 보고 이것을 주고 싶었어요. 이게 당신이 등장인물을 연구하고 펜으로 그들을 색칠하는 걸 도와줄 거예요. 당신이 날 신뢰한다면, 당신이 쓰고 있는 글을 읽어보고 싶군요. 정직과 끌어낼 수 있는 모든 지성을 약속하리다.
>
> 당신의 프리드리히가

(왼쪽) 하숙집에 있는 조에게 선물을 가져다주는
프리드리히 바에르

존 브룩

배우 제임스 노턴

⁂

존 브룩은 확실히 자신의 격정적인 학생만큼 눈부시지는 않지만, 속이 꽉 차고 신뢰할 만한 사람이다. 심지어 존경할 만하다. 존 역을 맡은 배우 제임스 노턴은 말한다. "책 속에서 존은 약간 뻣뻣하고 지루한 사람으로 묘사돼 있어요. 아시다시피 약간 보수적인 가정교사의 전형 같은 그런 사람으로요. 우린 그게 좀 예측 가능하다고 생각했고, 그래서 약간 변화를 주기로 했죠. 저는 그가 약간 서툴 뿐이라고 생각해요."

새로운 존 브룩를 만나보자. 그는 여전히 속이 꽉 차고 상냥하고 신뢰할 만한 사람이지만, 유머 감각은 더 강해지고 생각도 많아진 것 같다. "존은 초월주의 운동에 매우 깊이 관여하고 있고, 꽤 영적이며 진지한 남성인 데다, 알고 보면 상당히 낭만적인 사람이에요. 매우 따뜻한 성품의 사람인데, 보나 마나 여성과는 특별한 경험이 없었을 겁니다. 로리나 그 당시의 많은 남성과 마찬가지로, 여성이 그의 삶에 들어섰을 때 존은 당황하고, 흥미를 느끼면서도 전체 상황에 약간 압도당하는 기분을 느끼죠. 제가 청년기에 겪었던 것과 그리 다르지 않은 경험일 거예요."

영국 왕립극예술학교에 입학하기 전, 가톨릭 학교에 다니면서 신학을 공부했던 노턴 자신도 젊은 나이에 진지한 것에 관심이 있었다. 노턴은 〈겨울의 사자The Lion in Winter〉를 포함한 저명한 연극 작품에 출연했고, 영화와 텔레비전에서 배역을 맡아 꾸준히 연기해 왔다. 영국의 범죄 드라마 〈해피 밸리Happy Valley〉에서는 폭력적인 정신병자를 연기했고, 시리즈물 〈그랜트체스터Grantchester〉에서는 의문의 사건을 해결하는 상냥한 목사를 연기했다.

〈작은 아씨들〉 촬영장에서 동료 배우들은 매력적인 노턴과 그가 그려내는 사랑에 빠진 로리의 가정교사 존 브룩을 지켜보며 커다란 즐거움을 느꼈다. 시얼샤 로넌은 말한다. "제임스 노턴은 존 브룩을 아름답게 연기했어요. 그는 존에게 마음을 듬뿍 주었고, 그를 정말 재미있게 만들었죠. 누구도 그런 건 기대하지 않았을 거라고 생각해요. 게다가 그는 정말 매력적이에요!"

(왼쪽) 습판 사진–존 브룩(제임스 노턴)

"당신을 곤란하게 하지는 않겠습니다.
다만 당신이 조금이라도
날 좋아하는지 어떤지 알고 싶을 뿐입니다.
메그, 당신을 사랑합니다."

메그를 위로하는 존 브룩

마치 씨

배우 밥 오덴커크

⁂

루이자 메이 올컷이 시대를 앞서간 여성이었다면, 확실히 그녀의 부모 브론슨과 애비게일도 마찬가지였을 것이다. 두 사람 모두 여성이 사회와 가정 양쪽에서 해야 할 역할에 관해 매우 급진적인 개념을 공유했다. "올컷의 아버지 브론슨은 여성과 소녀들은 교육을 받아야 하며, 무엇이 되고자 하든 될 수 있어야 한다고 믿었어요. 그는 여성과 소수자의 교육을 위해 투쟁했죠. 1880년대에요! 매우 사려가 깊은 사람, 매우 진보적인 사고를 품은 사람, 계몽된 사람이었어요." 마치 가족의 가장인 마치 씨를 연기한 밥 오덴커크는 말한다. 그는 드라마 〈베터 콜 사울Better Call Saul〉의 주인공 역할로 잘 알려진, 에미상 후보에 오른 배우다.

자매들의 아버지인 마치 씨는 올컷의 아버지인 브론슨 올컷을 바탕으로 창작해 낸 인물이다(실제로 남북 전쟁에 복무하기 위해 가족을 떠난 사람은 브론슨 올컷이 아닌 루이자로, 그녀는 (목사가 아닌) 간호사로 봉사했다). "작품 속 아버지의 많은 자질이 브론슨 올컷의 진짜 자질이에요. 많은 지식인들처럼 그도 세상을 바라보는 새로운 방식과 발명을 향한 의지로 불타고 있었어요. 그는 약간 제정신이 아니에요. 너무 자기 안에서만 살고 있었기 때문에, 어느 정도는 주변 세상과 단절된 듯 보이죠."

(왼쪽) 습판 사진–마치 씨(밥 오덴커크)

"너희 어린 순례자들에게는
다소 힘든 여행이었을 테지.
뒤에 가서는 특히 더 그랬을 게다.
그런데도 다들 씩씩하게 이겨냈구나.
아빠 생각에는 짐들을 벗게 될 날이
멀지 않은 것 같다."

뉴욕으로 이사하는 딸 조를
기차역에서 배웅하는 마치 씨

해나

배우 제인 하우디셸

⁂

해나는 공식적으로는 마치 가족의 일원이 아니지만, 그녀가 집 안과 마치 자매와 마미 마치를 돌보며 사이사이 나누어 주는 사랑은 무한하고 무조건적이다. 해나 역을 맡은 배우 제인 하우디셸Jayne Houdyshell은 말한다. "해나는 마미와 마치 자매들 모두에게 지원과 사랑을 나누어 주는 중요한 원천이에요. 평생 그들의 삶을 옆에서 지켜봐왔거든요. 판에 박힌 충성스러운 가정부 이상이죠. 소녀들을 키우는 데 매우 적극적인 역할을 해요."

제인 하우디셸은 수십 년 전으로 거슬러 올라가는 이력을 가진, 수상 경력으로 빛나는 배우다. 영화와 TV 속에서의 역할 외에도 뉴욕의 무대에서 수십 개의 역할을 맡아 호평받았다. 루이자 메이 올컷의 소설과 그녀가 맺은 인연은 그녀의 어린 시절로 거슬러 올라간다. 그녀는 열 살 무렵 처음 『작은 아씨들』을 읽었고, 읽자마자 책과 유대감을 느꼈다. "저는 딸만 넷에 아들은 없는 가정에서 자랐어요. 그래서인지 자매들만 있는 이 특별한 가정에 관한 이야기가 무척 흥미로웠죠. 올컷이 자매들의 관계를 묘사하는 방식을 좋아해요. 서로 유대도 깊고 애정도 강하지만, 그것을 이상화하거나 감상적으로 포장하지 않죠."

열두 살 때 언니를 잃은 하우디셸은 『작은 아씨들』을 통해 위안을 얻었다. "우리는 모두 네 명이었는데, 어느 날 셋이 되어버렸죠. 그런 종류의 상실을 겪게 되는 건 어느 가족에게나 무척 특별한 경험이에요. 『작은 아씨들』은 베스가 세상을 떠났을 때, 그 상황을 매우 아름답고 감동적으로 그려내요. 궁극적으로 이 가족의 삶과 이 책 전반에 걸쳐서 항상 승리하는 건 서로에 대한 사랑, 특히 역경과 상실과 어려움과 도전의 시기에 서로를 위해 품는 사랑이에요."

화면에서 해나를 연기하면서 하우디셸은 해나를 매우 꾸준하고 조심스러운 존재로 만들었다. 하우디셸은 말한다. "해나는 마치 자매들에게 가장 좋은 것만을 주고 싶어 하죠. 그건 확실해요. 당대의 전통에 따라, 네 자매 모두 올바른 배우자를 찾고, 행복한 결혼생활을 하고, 건강하고 강한 가족을 갖게 되기를 바라죠."

(왼쪽) 습판 사진–해나(제인 하우디셸)

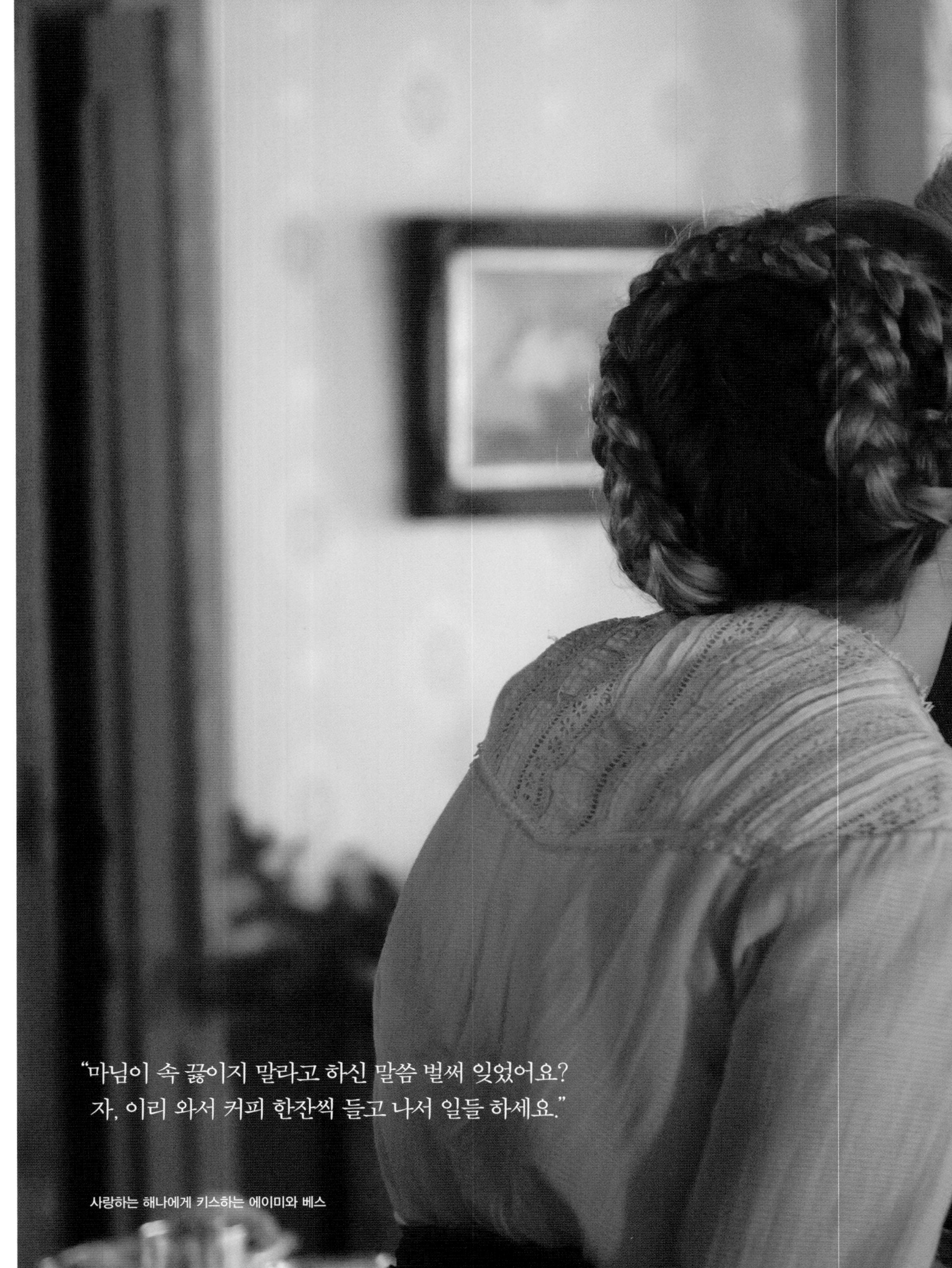

“마님이 속 끓이지 말라고 하신 말씀 벌써 잊었어요?
자, 이리 와서 커피 한잔씩 들고 나서 일들 하세요.”

사랑하는 해나에게 키스하는 에이미와 베스

로런스 씨

배우 크리스 쿠퍼

⁂

"내게도 눈이 꼭 너처럼 생긴 소녀가 있었단다."

말수는 적지만 존재감은 큰 로런스 씨는 로리의 할아버지다. 그러나 그의 고요함 밑에는 잃어버린 두 자녀, 즉 로리의 아버지인 아들과 너무 빨리 떠나버린 어린 딸에 대한 크나큰 슬픔이 숨어 있다. 로런스 씨를 그려낼 배우로, 제작진은 아카데미 수상 배우이자 연극 무대와 스크린 양쪽에서 베테랑 연기자로 활약 중인 크리스 쿠퍼를 선택했다. 그는 브로드웨이 무대 공연 외에도 영화 〈아메리칸 뷰티American Beauty〉(1999), 〈어댑테이션Adaptation〉(2002), 〈어거스트: 가족의 초상August: Osage County〉(2013) 등에서 연기했다.

쿠퍼의 연기는 저명한 신사 로런스 씨에게 고요함과 거리감을 가져다주지만, 이는 베스 마치에 대한 한결같은 애정이 표면으로 떠오르면서 서서히 녹아 사라진다. "크리스는 온화한 영혼을 가지고 있어요. 그건 로런스 씨에게서 손에 잡힐 듯 뚜렷이 느껴지는 특징이죠." 베스를 연기한 일라이자 스캔런이 말한다. "크리스는 성품도 매우 평온해요. 이런 조용한 힘은 우리 두 등장인물이 공통적으로 가지고 있는 특별함이죠. 로런스 씨의 힘은 베스의 따뜻하고 매력적인 힘보다 훨씬 위협적이지만요. 어쨌든 이 두 인물은 자신들의 조용한 기질을 약간은 불안해하고, 또 약간은 자의식을 느낀다는 점에서 서로 결속할 수 있어요."

(왼쪽) 습판 사진–로런스 씨(크리스 쿠퍼)

영화 속 소품

로런스 씨의 슬리퍼 로런스 씨는 베스가 자신의 집을 방문하여 피아노를 칠 수 있게 허락해 주고, 나중에는 베스에게 피아노를 선물로 준다. 부유한 이웃이 베푼 너그러움에 대해 감사의 마음을 전하기 위해, 베스는 섬세한 자수로 장식한 짙은 보라색 슬리퍼 한 켤레를 직접 만들어 선물한다. "슬리퍼는 책에 묘사된 것을 세밀하게 해석해서 만든 거예요. 꽃도 똑같이 만들려고 노력했죠. 책에 보라색으로 묘사되어 있거든요." 의상 디자이너 재클린 듀런의 설명이다.

"피아노를 너무 안 쳐도 문제잖습니까.
그래서 드리는 말씀인데 따님들 중 누군가가
가끔씩 건너와서 조율 상태도 점검할 겸
피아노를 연주해 줄 수 없겠습니까, 부인?"

(위) 베스가 로런스 씨에게 감사의 의미로 만들어 선물한 자수 슬리퍼
(왼쪽) 아침 식사 중인 로런스 씨

Chapter 5

개성과 시간을 입다: 〈작은 아씨들〉의 의상

※

"I don't believe fine young ladies enjoy themselves a bit more than we do."

Jo March

"우리만큼 재미있게 놀다 온 아가씨들은 없을 거야."

—조 마치

제작진이 조의 크리스마스 드레스를 손보고 있다

초기 디자인

패션 잡지들은 비교적 현대에 생겨났지만, 가장 상징적인 『보그*Vogue*』는 1892년에 창간됐다. 하지만 첫 번째 잡지는 아니었다. 프랑스의 『라모드 일뤼스트레*La Mode Illustrée*』가 19세기 후반 내내 인기를 끌었는데, 미국의 여성들은 여성 잡지 『고디스 레이디스 북*Godey's Lady's Book*』(1830~1898)과 『피터슨스 매거진*Peterson's Magazine*』(1842~1898) 쪽으로 점차 눈길을 돌렸다.

아카데미상을 받은 의상 디자이너 재클린 듀런이 영화 〈작은 아씨들〉의 의상을 디자인하기 시작했을 때, 그녀는 네 자매 모두와 상담을 했다.

"우리는 정확히 그 시기의 잡지에 등장한 옷의 모양과 스타일을 취하려고 노력했어요. 마치 자매들도 그런 옷을 입었을 테니까요. 그런 다음 우리의 용도에 맞게 약간의 해석을 가미해 접근하기 쉽게 만들었죠. 우리는 빅토리아 시대라는 세상을 실제 사람으로 대변하는 방법을 찾아야 했고, 그 시대 의상이 드라마에서 벌어지는 일과 너무 동떨어진 듯 느껴지지 않게 해야 했어요." 듀런의 설명이다.

현대인이 빅토리아 시대 의상을 입고 다닐 수 있게 할 만한 사람이 있다면, 그게 바로 듀런이다. 런던에 기반을 둔 듀런은 시대극의 의상을 맡아 광범위하게 경력을 쌓았다. 그녀는 영화 〈안나 카레니나Anna Karenina〉(2012)로 아카데미상을 받았고, 2005년 제작된 〈오만과 편견〉(2005)에서도 정감 가는 의상을 디자인했다.

듀런은 루이자 메이 올컷의 소설과 그레타 거윅의 시나리오를 바탕으로, 주연 배우 각각의 개성을 시각적으로 강조하는 데 이바지할 의상을 디자인했다. "조의 의상은 차라리 소년이 되길 바라는 누군가를 생각하면서 작업했어요. 메그의 모습은 동화 속에 등장할 법한, 중세의 것들에 대한 애정을 드러내는 방향으로 진화했죠. 베스는 가장 수동적이에요. 옷 입는 것에 관해서는 딱히 강하게 주장하는 법이 없죠. 에이미는 한껏 차려입어요. 각 소녀가 나름의 개성을 드러내면서, 동시에 그들을 한 가족으로 보이게 하는 것, 그게 중요했죠."

1861년에서 1869년으로 마치 가족을 데리고 가는 영화 속 타임 점프 역시 듀런이 주요 의상을 개념화하는 데 있어 중요하게 기능했다. 듀런은 말한다. "인물이 어떤 시기에 있는지에 따라 그 모습도 달라지죠. 어릴 때도 꾸미기를 좋아하고 커서도 근사하게 차려입는 에이미는 가장 극적인 변화를 겪어요. 조는 옷에 집착하지 않기 때문에 그 변화가 좀 더 미묘하죠. 조의 경우 외모도 진화하지만, 그리 급진적이지는 않아요. 에이미가 가장 급진적이에요. 메그도 변하죠. 환상적이라기보다는 좀 더 어머니처럼 변합니다. 메그의 의상에서는 세부 사항이 특히 달라져요."

(위) 새해 전야 무도회에서 입을 에이미의 드레스를 마지막으로 손보고 있다
(왼쪽) 몇 가지 의상 옵션의 콘셉트 삽화

DRESS MAKERS GUIDE
LE GUIDE DES MODISTE.
LOCAL TRAVELING AGENTS WANTED.
LENGTH CORRESPONDING THE UNDER ARM
LONGUEUR CORRESPONDANT DESSOUS BRAS.
DIRECTIONS.

콩코드에 있는 원단 및 양복점에서 사용하는 양재 용품

헤어 팀 책임 프리다 아라도티르Frida Aradóttir가 메그에게 해안용 모자를 씌워주고 있다

메그 마치

낭만과 모성

동화 같은 측면을 연기하는 큰 언니 메그의 의상에는 작은 장미 모양 리본이나 코바늘로 뜬 레이스 같은 기발한 섬세함이 추가되었다. (엠마 왓슨이 〈미녀와 야수〉의 벨로 출연해 입은 동화 같은 의상들—특히 마지막 무도회 장면에서 입었던 풍성한 노란색 드레스—도 듀런의 작품이다.) 듀런은 이러한 소품들을 왓슨과 함께 개발했다.

왓슨은 말한다. "배우로서 아침에 입게 되는 옷을 통해 캐릭터를 찾기도 해요. 메그 캐릭터에 관한 아이디어 중 많은 것의 중심에 자연을 향한 사랑이 자리잡고 있어요. 메그는 꽃과 브로치 등으로 자연에 대한 사랑을 표현했죠. 비록 가진 돈은 많지 않아도, 네 자매 중에서는 메그가 아마도 가장 우아하게 옷을 입을 거예요. 프릴이나 리본을 여기저기 달거나 하진 않죠. 하지만 메그가 몸에 걸치는 모든 것은 매우 신중하게 잘리고 재단되고 고려된 것들이에요. 그렇게 해서 여성스럽고 우아한 모습을 만들어내죠. 메그는 집에서 빚어낸 우아함이 어떤 것인지 잘 보여줘요."

메그가 존 브룩과의 결혼식에서 입는 드레스는 다소 동화 같은 주제를 강조함과 동시에 이러한 면을 잘 보여준다. "실크로 만들어서 빈티지 레이스를 달았어요. 매우 단순하면서도 정말 예쁘죠." 듀런은 말한다.

듀런은 메그와 자매들의 옷장 속 옷들을 위해 색 구성표를 만들었다. 조는 빨간색과 파란색, 메그는 녹색과 라벤더색, 베스는 분홍색이나 연보라색, 에이미는 옅은 파란색이다. "모두 소녀다운 색조라는 점에서 상호 보완적이에요. 이런 색상들이 중요한 것은 도식화되지 않는다는 거예요. '글자 그대로' 따르기보다는 지침으로 받아들이고 해석해야 해요." 듀런의 설명이다.

한 가지 예외가 있다. 영화 속에서 메그가 모팻의 봄철 무도회에서 입은 드레스다. 샐리 모팻은 메그가 무도회에서 입으려고 가져온 옷이 너무 수수하고 유행에 뒤떨어져서 자신의 드레스를 한 벌 빌려준다. 상체가 꽉 끼고 어깨 부분이 섬세한 분홍색 드레스는 (잃어버린) 장갑처럼 왓슨에게 잘 맞지만, 메그의 평소 분위기와는 전혀 다르다. 듀런은 말한다. "모팻의 무도회는 파스텔 색조예요. 미국에서 가장 아름다운 무도회라 할 만하죠. 아름다운 파스텔 색조의 방 안에 파스텔 색조의 드레스를 입은 10~15명 정도의 소녀들이 있어요. 아름다움과 사랑스러움이 눈에 잘 띌 수밖에 없겠죠."

모팻의 봄철 무도회. 빌린 분홍색 드레스를 입고 로리와 우연히 마주친 메그

모팻의 봄철 무도회에서
혼자만의 순간을 가지는 메그

조 마치

활기와 비관습

시얼샤 로넌이 연기한 말괄량이 조가 사실상 소년의 옷을 입어야 한다는 것은 지극히 당연하다. 하지만 그냥 아무 소년의 옷이 아니라, 구체적으로 그녀만의 소년 '테디'(조가 로리를 부를 때 즐겨 부르는 애칭)의 옷이어야 한다. "둘은 양복 조끼를 교환해 입어요. 이런저런 것을 함께 입죠. 워낙 친한 사이고, 서로를 동일시하고 있었기 때문에 교환 가능한 것들을 나눠 가질 계획이었던 거죠. 둘의 관계를 표현하기에 좋은 방법이에요." 듀런은 말한다.

거윅 감독이 덧붙인다. "조와 로리가 하나로서 전체의 중성적인 반쪽씩이 되길 바랐어요. 로리는 여자 이름을 가진 소년이고, 조는 남자 이름을 가진 소녀니까요. 그들은 서로의 뒤집힌 반쪽이에요. 그렇다고 이성 짝은 아니죠. 그런 면에서 그들은 쌍둥이예요. 둘은 종종 똑같이 옷을 입어요."

조의 옷장은 여전히 빅토리아 시대에 속해 있지만, 조가 입는 옷은 남성적 영향을 강하게 받는다. 로넌은 듀런(듀런은 배우 시얼샤 로넌을 발굴해 낸 영화 〈어톤먼트〉에서 로넌을 처음 만났다)에게 조가 다락방에서 글을 쓰는 동안 군인 느낌의 재킷을 입었으면 좋겠다고 제안했다. "군용 재킷을 입고 글을 쓰는 건 시얼샤의 아이디어였어요. 우리는 좀 더 판타지 느낌이 나도록 군인 스타일을 재해석했죠." 듀런의 말이다.

자매들과 마찬가지로 조 역시 보통은 면이나 리넨, 양모 소재의 옷을 입고 가끔은 털실로 짠 숄을 걸친 모습으로 등장하기도 한다. "절친한 친구bosom friend"라고도 불렸던 빅토리아 시대에 유행했던 삼각 숄은 몸 앞에서 교차시켜 뒤쪽으로 묶어 입는데,

군에서 영감을 받은 조의 글쓰기 의상

조끼를 입은 조

여성의 상체를 따뜻하게 하면서 팔을 덮지 않아 자유롭게 움직일 수 있게 해주었다. 이 숄의 견본은 1860년 1월 『고디스 레이디스 북』에 처음 등장했다. 마치 자매들은 당시 꽤 흔하게 입었던 색색의 페티코트도 갖고 있었다. (조가 가장 좋아하는 색은 그녀의 불같은 내면을 암시하는 빨간색이다.) 그러나 우리의 솔직한 조는 빅토리아 시대 여성의 옷장 속에서 가장 구속적인 물건이었던 그 속옷을 의도적으로 회피한다. "모두가 코르셋을 입는 것은 아니라는 점에서 약간의 부정행위를 했다고 해야겠네요. 에이미는 유럽에서는 코르셋을 입어야 해요. 메그는 성인이 되어 코르셋을 입습니다. 조는 절대로 코르셋을 입지 않죠. 빅토리아 의상을 제대로 입으려면, 맨 밑에 슈미즈를 입고 그 위에 코르셋을 입어야 해요. 그런 다음 치마를 띄우는 데 사용하는 후프라는 버팀살대가 있다면 착용하고, 속치마인 페티코트, 속바지 등을 입어야 하죠. 그러고 나서 치마를 입고 블라우스와 재킷을 입었어요."

물론 조는 후프에 관심조차 보이지 않는다. "조도 뉴욕에서는 옷 속에 후프를 입으려고 작정한 때가 있었지만, 결국에는 착용하지 않아요. 이러한 조의 모습을 통해 빅토리아 시대 의상의 비공식성을 높이고, 이 소녀들이 자유분방한 세계에 있다는 사실을 암시하려 했죠." 듀런은 말한다.

해변을 찾은 마치 자매들

베스 마치

여성성과 낭만

베스의 옷에는 그녀의 온화한 태도를 반영하는 부드러움이 깃들어 있다. 일라이자 스캔런은 말한다. "베스가 입는 옷들에서 큰 부분을 차지하는 것은 우스꽝스러움이에요. 따뜻하고 시선을 끄는 색상에, 품질이 어설프고 엉성한 옷들을 주로 입죠. 재클린과 함께 그런 느낌을 연출해 내려고 노력했어요. 옷깃이 반쯤 꺾여 들어가거나, 단추를 끝까지 채우지 않거나 하는 식으로요. 베스는 정말 건망증이 있어요."

베스와 조가 함께 해변으로 가는 장면을 찍을 때(단호한 조는 신선한 바다 공기가 병든 동생의 건강을 회복시켜 주리라고 확신한다), 듀런은 자매들이 자주 입었던 무거운 가을, 겨울 의상과는 확연히 차이가 나는 여름 의상을 디자인할 기회를 얻었다. "자매들이 옷장 속에 그런 옷을 가지고 있었을 가능성은 희박하지만, 완벽한 여름날을 표현해야 했기에, 기존과는 다르게 옷을 입혀야 했어요." 듀런은 말한다.

물론 동생을 낫게 하겠다는 조의 노력은 허사가 되고, 결국 베스가 죽게 되자 자매들은 애도에 들어간다. 애도 의상도 역시 주요 등장인물들의 성격에 맞게 제작되었다. 듀런은 말한다. "빅토리아 시대에는 애도에 있어 지극히 광범위한 규칙이 적용됐어요. 일종의 계층화라고 할 수 있는데, 각 층별로 무엇을 어떻게 해야 할지 매우 구체적으로 정해져 있었죠. 어머니는 누구보다 깊은 슬픔을 느꼈을 겁니다. 자매들도 깊이 슬퍼했겠지만, 어머니보다는 덜했을 테죠. 무엇보다 우리는 각각의 인물에게 그들이 느낄 만한 감정에 어울리는 것을 주어야 했어요. 마미에게는 그녀가 가지고 있는 가장 좋은 드레스와 무척 비슷한 옷을 입게 해주었지만, 검은색이었죠. 메그도 최고의 드레스 중 하나와 같은 스타일의 옷을 입어요. 단, 메그는 한 단계 낮은 슬픔을 표현해야 했기에 완전히 검은색이 아니라 회색이었죠."

조의 애도 복장은 짙은 회색에 반점이 있는 질감이었다. "조는 베스가 죽고 곧 입을 옷을 장만하는 그런 사람은 아닐 테죠. 이런 점을 고려해서 조의 경우에는 베스가 죽기 전부터 애도 의상을 입고 있도록 했어요. 그래서 조가 한 걸음 한 걸음 애도에 들어가는 것처럼 보이죠." 듀런은 말한다.

사랑하는 동생의 추억을 계속 간직하기로 마음먹은 조는 베스의 재킷을 입기 시작한다. 아카데미상을 받은 배우 고(故) 알렉 기네스 경Sir Alec Guinness의 실내복을 만들고 남은 원단 조각으로 소매를 만들고 나머지는 양모를 뜨개질해서 만들었다. "조는 그 옷이 베스의 옷이기 때문에 입어요. 조라면 그럴 만하죠. 마치 자매들의 스타일에는 서로 겹치는 부분들이 있어요. 개별 의상들 사이의 단절감이 아주 느슨해 보이게 하려는 의도였죠. 자매들 각자의 옷에는 다른 자매의 옷에서 가져온 조각들이 담겨 있어요. 소녀들이 네 자매라는 무리 속에서도 자기만의 스타일을 갖는 게 맞지만, 그들의 경계가 약간씩 겹치는 걸 보는 것도 기분 좋을 겁니다." 듀런의 말이다.

(오른쪽) 베스와 에이미의 방을 장식한 녹색 코트

촬영 감독 요리크 르 소의 이름을 딴
모자 상점의 외관

E. LE SAUX'S
LADIES
LLINERY
ONNETS &
MME. LE SAUX'S
CUSTOM SATIN, TAFFETA & FUR
MILLINER
FANCY GOODS
AND
LODGINGS
PER
NIGHT

에이미 마치(플로렌스 퓨)와 메그 마치(엠마 왓슨)

에이미 마치

우아함과 세련미

영화의 도입부에서 그림 공부를 위해 마치 대고모와 함께 떠나가는, 마치 자매들 중 가장 세련된 에이미는 유럽에 사는 것이 꼭 맞는 듯 느껴진다. "에이미는 유럽에 가서 실크를 입어요. 항상 후프 치마를 입죠. 그게 1868년에 입어야 할 의상이었거든요. 유럽에서 지내는 에이미의 모든 면모는 미국에 남아 있는 다른 자매들보다 1868년의 패션에 훨씬 가까워요. 유럽에는 다른 차원의 세련미가 있고, 에이미의 의상이 그걸 보여주죠." 듀런은 말한다.

에이미는 '빛의 도시' 파리에서 참석한 새해 전야 파티에서 가장 우아해 보인다. 에이미의 드레스는 듀런의 설명에 따르면 '그 시대의 의상을 정확히 반영해 공들여 만든' 것이다. "검은색 새틴 재질에 고전적인 황금색, 즉, 짙은 노란색으로 테두리 장식을 했어요. 검은색 실크 튤(실크나 나일론으로 망사처럼 짠 천.-옮긴이) 오버스커트(치마 위에 겹쳐 입는 치마.-옮긴이)에, 노란 테두리가 뒤쪽으로 꼬리처럼 길게 흘러내리고, 가장자리는 검은 구슬로 장식돼 있어요. 꽤 커다란 후프와 치마로 구성된 드레스죠."

에이미의 옷 중에서 듀런이 가장 좋아하는 것은 영화에서는 아주 잠깐 등장하는 망토다. 로리가 에이미의 작업실에 방문할 때 에이미가 이 망토를 걸치고 있는데, 골동품 조각만으로 만들어진 것이다. "아주 특별한 망토예요. 제 집 벽장 속에 나방이 갉아먹은 아름다운 숄 두 개에서 잘라놓은 자수 천 조각이 있었어요. 자수 부분은 전혀 손상되지 않아서, 크림색 직물에 그 오래된 자수를 다시 배치해 에이미의 망토를 만들었죠. 크림색 직물은 우연히 구입한 양모 플란넬인데, 역시 빈티지예요. 화면에는 겨우 10초쯤 등장하는 그 망토를 바느질하느라 대체 몇 주가 걸렸는지! 기억도 안 나네요." 듀런의 말이다.

(오른쪽) 로리와 함께 작업실에 있는 에이미

로리

개성과 비정통

마치 자매들의 옷장처럼, 로리의 옷장도 어린 시절과 성인 시절로 나뉜다. "로리는 굉장히 동안이에요. 그게 다른 사람과는 절대로 닮아 보이지 않는, 기이하고 낭만적인 아웃사이더 같은 느낌을 주죠." 듀런은 말한다. "성인이 되고 나서 로리는 점점 더 정장을 많이 입기 시작해요. 유럽식 세련미라고 할 만한 게 있지만, 여전히 로리만의 이상한 면도 조금은 가지고 있죠. 주류라고는 할 수 없어요." 로리의 의상을 만드는 데 주요 참조 목록이 되어준 것 중 하나가 프랑스 화가 자메 티소James Tissot가 파리 남성들의 모임을 그린 1868년작 그림이었다. "로리는 유럽을 여행하고 유럽에서 옷을 사 입었기 때문에 그림 속 남성들의 옷에 보이는 세부 장식 같은 것이 로리의 옷에도 보이게 했죠." 듀런은 말한다. (미술품에서 영감을 얻어 만든 것은 로리의 옷뿐만이 아니다. 조의 블라우스 중 하나는 윈슬로 호머Winslow Homer의 그림을 바탕으로 만들었고, 조가 영화의 마지막 장면에 플럼필드 대지에서 입고 있는 셔츠는 르네상스 그림을 모방한 것이다.)

로리(티모시 샬라메)

잠든 에이미를 지켜보는 마미 마치

마미

대담함과 자유분방함

듀런은 마미의 진보적인 정신이 그녀의 옷장을 통해 빛을 발하기를 원했다. "마미 마치는 빅토리아 시대적인 자질을 더욱 정직하게 보여주지만, 히피적 기질의 소유자이기도 해요. 공공장소에 나서지 않을 때는 형식에 얽매이지 않는 좀 더 편안한 의상을 입는 걸 좋아하죠." 듀런은 마치 자매들의 색상을 마미의 의상에 통합해 넣고, 엄선한 의상을 위해 특별히 인쇄한 직물을 사용했다. "마미는 어두운 색 옷을 입을 때 그것과 대조되는 밝은 색상의 요소를 의상에 더하는 걸 좋아해요." 듀런은 말한다.

Chapter 6

마음 가는 곳이 집이다

⁂

"I've got the key to my castle in the air, but whether I can unlock the door remains to be seen."

Jo March

"난 이미 내 성에 들어갈 열쇠를 가지고 있어. 하지만 그 열쇠로 문을 열 수 있을지 없을지는 두고 봐야 해."
—조 마치

(왼쪽) 마치 자매는 로리가 다락방 회합의 회원이 되는 것을 허락한다

OLIVER & SONS
BUTCHER
CHOICE MEAT PURVEYOR
CONCORD MASS.
1821
OLIVER & SONS BUTCHER
UNION ARMY
SOLDIER'S FUND

마치 가족의 집 외관

보스턴은 1630년에 세워졌으며, 미국에서 가장 오래된 대도시 지역 중 하나로 매우 희귀한 역사적 매력을 발산한다. 보스턴에서 수 세기 전에 역사적인 사건이 일어났던 장소가 아닌 거리나 길모퉁이를 찾는 것은 상당히 어려운 일이다. 놀랍게도, 그레타 거윅의 〈작은 아씨들〉은 올컷의 집인 오처드 하우스가 오늘날까지도 그대로 남아 있는 매사추세츠주의 보스턴 및 콩코드 지역에서 올로케이션으로 촬영한 최초의 영화다.

제작진은 올컷이 고향이라고 부르는 곳의 정신을 포착해 내기를 희망하면서 보스턴과 그 주변 지역으로 향했다. 거윅 감독은 말한다. "그곳에는 딱히 꼬집어 말할 수는 없지만 확연히 느낄 수 있는 이점이 있었어요. 우리가 대체로 콩코드 지역에서 촬영을 했다는 게 정말 마법같이 느껴져요. 원한다면 루이자 메이 올컷의 집도 보러 갈 수 있었죠. 올컷은 랠프 월도 에머슨의 집에서 정말로 거리 하나 아래쪽에 살았어요. 거기서 20분쯤 걸어가면 헨리 데이빗 소로가 가장 위대한 초월주의 작품을 집필했던 월든 호수가 나오죠. 반대편으로 길을 따라 내려가면 독립 전쟁의 첫 총탄이 발사된 노스브리지를 볼 수 있어요. 그곳에 머물면서 그 지역을 화면 속에 담아냈다는 사실이 우리 영화에 매우 의미 있는 무언가를 더해 주었습니다."

(왼쪽) 콩코드 거리 세트장

거윅 감독은 디지털카메라를 사용하는 대신 필름으로 〈작은 아씨들〉을 촬영했다. 이 고전적인 접근 방식이 『작은 아씨들』의 무게와 범위에 완벽하게 부합한다고 생각했기 때문이다. "제 생각에 우리는 여성의 이야기, 특히 가정적인 이야기나 전쟁터에서 멀리 떨어져 발생한 이야기들을 만성적으로 과소평가하고 덜 중요한 것으로 간주하는 것 같아요. 남북전쟁에 참여한 한 무리의 남자들에게 10~12년에 걸쳐 일어났던 일을 그리는 장편 서사 영화를 만들 작정이라면, 필름으로 찍겠죠. 눈부시게 아름다운 촬영 장소도 찾을 테고요. 서사극이 되겠죠. 사방으로 뻗어 나가는 대서사시가 펼쳐질 거예요. 중요한

크리스마스 장식이 되어 있는 마치 가족의 거실

영화처럼 보이겠죠. 저는 영화 〈작은 아씨들〉을, 비록 가정사를 그리고 있기는 해도 서사극의 범위를 가진 웅장한 느낌의 영화로 만들고 싶었어요. 대단한 영화로 만들고 싶었죠. 중요한 영화처럼 보이게 하고 싶었어요." 거윅 감독은 말한다.

제작진은 모두 합해 38곳 정도의 주요 장소를 방문했는데, 그중 9곳은 이전까지 영화촬영이 한 번도 진행된 적이 없는 곳이었다. 로케이션 담당 더그 드레서Doug Dresser는 말한다. "우리는 올컷 가족들이 자란 곳에서 영화를 찍고 있어요. 그들이 이 숲을 산책해 다녔을 거예요. 이 거리들을 걸어 내려갔을 겁니다. 저 다리들도 건너다녔겠죠. 우린 그들이 마셨던 것과 같은 공기를 호흡하고 있어요. 그들과 같은 일출을 보고 있죠. 같은 나무도 바라보고 있고요."

여러 장소들 중에서도 마치 가족의 집만큼 중요한 장소는 없을 것이다. 영화의 정서적 중심으로 기능하는 소박한 집은 마치 자매들이 가장 편안해하는 곳이자 그들 삶에서 중요한 사건이 자주 일어났던 곳이다. 미술 감독 제스 곤처Jess Gonchor는 말한다. "마치 가족의 집은 영화의 정박지예요. 늘 화로에 불이 지펴져 있고, 따뜻하고 아늑하며, 모두가 가고 싶어 하는 곳이죠. 어릴 때처럼요. 아이들은 모두 집에서 놀고 싶어 하잖아요."

거윅 감독과 곤처 미술 감독은 마치 가족의 집 외관이 로런스 저택과 물리적으로 꽤 가깝게 자리 잡고 있기를 바랐다(마치 가족의 집 내부는 매사추세츠주 프랭클린에 있는, 영화 제작 본부 역할을 하는 사운드스테이지(영화의 사운드 필름을 제작하기 위한 방음 설비를 갖춘 스튜디오.-옮긴이)에 건축되었다). 두 사람 다 풍경을 찍는 데 있어 디지털 속임수에 의존하는 것에 관심이 없었기 때문에 인상적인 토지에 인접한 넓은 터를 찾아야만 했다.

오처드 하우스 들여다보기

루이자 메이 올컷이 살면서 『작은 아씨들』을 쓴 오처드 하우스. 그렇게 따뜻하고 활기찬 역사적 명소는 찾아보기 어렵다. 1600년대에 지어진 2층짜리 목조 건물인 오처드 하우스는 미국 식민지 시대에 지어진 주목할 만한 유물일 뿐 아니라, 1800년대의 타임캡슐이기도 하다. 그 집의 가장 유명한 거주자들은 집을 창조적 표현과 진보적 사고의 중심지로 변화시켰다.

올컷 가족은 1857년 오처드 하우스로 이사했다. 브론슨 올컷이 이 부동산을 매입했을 때, 대지 면적은 200에이커(약 24만 5천 평)였고, 그곳에서 가장 가치 있어 보였던 것은 딸려 있던 사과 과수원이었다. 다 허물어질 듯한 두 채의 집(나중에 하나로 합쳐진다)은 대대적인 수리가 필요했고, 다들 집이 곧 무너져 내릴 것으로 생각했다. 물론 집이 무너지지는 않았지만, 브론슨은 거의 1년 동안 보수 공사를 해 오처드 하우스를 아내와 딸들이 살기에 알맞은 거주지로 만들었다.

집의 1층에는 올컷 가족의 응접실, 부엌, 식당, 그리고 브론슨의 서재가 있었다. 이 서재에서 브론슨은 너새니얼 호손Nathaniel Hawthorne 같은 당대의 문호, 친한 친구들인 헨리 데이비드 소로와 랠프 월도 에머슨(에머슨은 젊은 루이자와 책을 교환해 읽곤 했다)을 접대하곤 했다.

위층은 브론슨과 애비게일 부부, 애너와 루이자, 1858년에 리지가 사망하기 전까지 리지와 메이가 각각 함께 방을 사용했다. 응접실에 자랑스럽게 자리 잡은 리지의 소중한 피아노는 리지와의 추억에 바치는 헌사가 되었다. 애너 올컷은 이 응접실에서 소박한 레이스 깃이 달린, 집에서 만든 드레스를 입고 존 프랫John Pratt과 결혼식을 올렸다.

지금도 올컷의 시대와 거의 비슷한 모습으로 서 있는 오처드 하우스에 가면 리지의 피아노와 애너의 드레스를 볼 수 있다. 1912년 박물관으로 문을 연 이 유적지에는 자매들의 연극 공연에서 루이자 메이 올컷이 로드리고 역할을 위해 착용했던, 원래는 갈색이었던 무릎 부츠, 오리지널 가구, 루이자 메이 올컷이 그린 벽화, 그 밖의 그림과 초상화 등 한때 올컷 가족이 소유했던 유물들과 개인 소지품들이 전시되어 있다.

오처드 하우스는 1년 내내 일반에 공개되고, 가이드 투어와 공예 워크숍, 관람객이 올컷 가족 구성원과 교류할 수 있게 하는 "살아 있는 역사" 프로그램을 포함한 다양한 교육 활동을 제공하고 있다. 이곳에서는 영화 〈작은 아씨들〉의 주요 고문을 맡기도 한 젠 턴퀴스트Jan Turnquist 오처드 하우스 상임 이사가 루이자 메이 올컷의 역할을 맡아 연기하는데, 관람객 중에는 힐러리 클린턴 전 국무장관과 로라 부시Laura Bush 전 영부인도 있었다고 한다. 사진가 애니 리버비츠Annie Leibovitz는 2011년에 출판한 저서 『순례*Pilgrimage*』에 이 박물관에서 촬영한 사진을 여러 장 수록하기도 했다.

턴퀴스트는 말한다. "이 집은 사람들에게 시금석처럼 중요한 장소가 되었어요. 『작은 아씨들』을 사랑한다면, 또는 그토록 많은 관심을 받는 듯한 이 책에 관해 궁금할 뿐이라고 해도, 다들 이곳에 와서 집 안에 있는 거의 모든 것들을 올컷 가족이 소유하고 사용했던 원래의 물건으로 바라보며 즐거워해요. 올컷 가족이 방금 문을 나선 것 같은 느낌이 들거든요."

조가 베스의 병상을 바라보는 장면을 연출하는
그레타 거윅 감독

ARRI

"그레타 감독은 집들이 서로를 바라보듯이 마주 보게 하는 것이 매우 중요하다고 판단했어요. 조와 로리, 마치 가족과 로런스 씨 가족 간의 관계에 관한 이야기를 손쉽게 하나의 이미지로 보여줄 수 있으니까요. 서로 마주 보는 두 집이 두 가족의 관계에 관해 많은 것을 말해 주죠." 로케이션 담당 더그 드레서의 말이다.

제작진은 1938년에 지어진 콩코드의 개인 저택에서 찾고 있던 것을 발견했다. 다섯 개의 침실을 갖춘 유럽풍의 저택이 14에이커(약 1만 7천 평)가 넘는 대지에 자리해 있었고, 깨끗한 정원과 비탈진 잔디밭이 저택을 둘러싸고 있었다. 제스 곤처 미술 감독과 미술 팀은 실제 오처드 하우스를 약간 수정한 복제본을 그 부지에 지었다.

3층짜리 마치 가족의 집을 짓고 칠하고 외부 조경을 하는 데 거의 석 달이 걸렸다. "확실히 그 집은 올컷 가족의 집, 진짜 집을 떠올리게 했어요. 우리가 지은 집이 훨씬 더 크지만, 많은 지형, 흐름, 순환이 동일해요. 집에 사용한 외장재, 칠, 단순함까지요. 한 색으로 모두 칠했어요. 햇살 속에서 백기사처럼 반짝이며 빛을 반사하는 로런스 저택과는 대조적으로, 들판에서 자라는 버섯처럼 주변 환경과 하나가 되려 하는 칙칙하고 얼룩덜룩한 집이에요."

곤처 감독은 이렇게 덧붙인다. "마치 가족의 집 외관이 아름답고 오래된 나무로 만든 보석 상자처럼 느껴졌으면 했어요. 그래서 외관은 나무색과 갈색이죠. 문을 열고 들어가면 훨씬 더 흥미진진해요. 아름다운 벨벳으로 장식된 부분도 있죠."

1층에 있는 방들, 즉 응접실, 식당, 부엌에는 실생활의 감각이 살아 있다. 마치 가족의 집 안 풍경에서 대화와 창의성이 흘러넘치며 모두가 환영받는 활기찬 공간을 읽어내는 것은 어렵지 않다. "1층은 무척 화려하죠. 2층은 그곳에 사는 소녀들에 맞게 조금 더 개인화되어 있어요. 마지막으로 다락방은 어둡지만 그래도 여전히 생명력과 활기가 넘치죠. 아래쪽은 어둡고, 하늘 쪽으로 갈수록 밝아지는 자연의 점진적인 변화를 뒤집어놓은 것 같아요. 1층은 매우 화려하고, 위로 올라가면 외로운 다락방의 현실에 점점 더 다가가게 되죠." 곤처 감독의 말이다.

물론, 마치 가족의 집에는 정말 외로운 곳은 한 곳

마치 가족의 거실

크리스마스 장식이 되어 있는 마치 가족의 집

도 없다. 다락방은 조가 글을 쓰기에 좋은 조용하고 고독한 공간이지만, 자매들의 즉석 연극 공연과 은밀한 모임들을 주최하는 장소가 되어준다. 소품과 의상은 물론 자매들이 직접 만드는 신문 「피크위크 포트폴리오」까지, 여러 물건들이 다락방 곳곳에 흩어져 있다. 곤처 감독은 말한다. "그때는 비디오 게임도 아이폰도 없었어요. 이것들이 그들의 시간을 차지하고 있던 것들이죠."

배경 장식가 클레어 코프먼Claire Kaufman은 자매들 각각을 대표하는 물건들로 다락방을 장식했다. "에이미가 뛰어난 화가라 천을 주렁주렁 늘어뜨리는 대신 뒷벽에 큰 휘장을 그려 넣었어요. 자매들이 모두 다락방에서 어울려 놀기 때문에, 각자의 물건을 몇 개씩 가져다 놓고 싶었죠. 마감이 되지 않은 목재 공간에 자매들이 만들었을 거라 생각되는 공예품들을 가져다 두었어요. 커다란 생나무 가지로 작은 공예품을 깎아 걸어놓고, 자매들이 꺾어다 말려놓았을 법한 꽃도 놓아뒀죠. 가능한 한 더 많은 꽃들을 가져다 두고, 주방에서 사용했을 약초들, 자연에서 얻은 재료들도 가져다 두려고 애썼어요. 바느질을 좋아하는 메그를 위해서는 봉제 물품도 놓아두고, 당연히 조를 위한 글쓰기 공간도 마련해 뒀죠. 베스를 위해 음악에 관한 것들도 갖춰놓았습니다." 코프먼의 설명이다.

이와 대조적으로 로런스 저택의 복도에는 기쁨을 나타내는 증거가 거의 없다. 제작진은 압도적인 고독감을 전하기 위해 영화에 필요한 쓸쓸한 에너지를 가진 집을 찾았고, 매사추세츠주 랭커스터에 있는 1904년에 지어진 저택을 선택했다. "로런스 저택의 내부를 위해 찾고 있던 건 조금 더 넓은 공간, 조금

마치 가족의 집 세트의 외벽

(왼쪽) 베스와 에이미의 방.
대역 배우들이 장면 설정을 돕고 있다

더 많은 단절, 조금 더 큰 외로움이었어요. 우리는 영화 〈시민 케인Citizen Kane〉에 어울릴 법한 저택을 찾아냈죠. 분위기는 더 어두웠어요. 빛의 느낌도 달랐고요. 조금 더 격식을 차린 듯한 집이었죠." 로케이션 담당 드레서의 설명이다.

곤처 미술 감독이 덧붙여 설명한다. "온기가 전혀 없다기보다, 관객들이 로리가 마치 가족의 생활방식과 친밀함, 끈끈한 연대를 부러워한다는 걸 느끼게 하고 싶었어요. 로리가 부유함에도 불행하다는 사실을 관객들이 알아볼 수 있기를 바랐죠."

배경 장식가 코프먼은 로런스 저택에 놓기 위해 크고 화려한 가구들을 선택했다. "굉장히 묵직한 이탈리아산 조각 가구를 찾아냈죠. 휘장과 실내장식에는 짙은 녹색과 보석 같은 색조를 사용했어요. 방들이 굉장히 넓고 웅장한데, 우리에게는 행운이었죠. 집의 규모가 워낙 커서 많은 걸 가져다 놓을 필요 없이 방의 중심을 잡아줄 몇 가지 중요한 가구와 아름다운 것들만 가져다 놓으면 됐으니까요. 그렇게만 해도 외로운 느낌이 드는 집이 되었어요. 반면에 마치 가족의 집은 여러 가지 흥미로운 직물들, 흥미로운 질감과 다양한 색상들을 사용해 굉장히 다채롭게 꾸며졌죠. 한집에 딸이 넷이나 살고 있으니 얼마나 많은 일이 일어났겠어요. 그러니 물건들이 훨씬 많고, 여기저기 쌓여 있을 수밖에 없죠."

로런스 저택의 외관

로런스 저택에 들어서는 베스

신문들이 장식되어 있는 위클리 볼케이노 세트장

보스턴, 뉴욕과 파리를 연기하다

영화 초반에 조는 위클리 볼케이노 사무실에서 무뚝뚝한 대시우드 씨(〈레이디 버드〉에서 아버지 역을 맡은 배우 트레이시 레츠Tracy Letts)에게 자신의 작품을 팔고 기쁨에 겨워 어쩔 줄 몰라 하며 1868년의 뉴욕 거리를 질주한다. 거리 장면을 위해, 제작진은 매사추세츠의 로런스 저택 부지 한쪽을 번화한 대도시로 탄생시켰다.

배경 장식가 클레어 코프먼에 따르면 이 변환 작업에 약 6주가 걸렸지만, 조가 기쁨에 겨워 뉴욕 거리를 달려가는 순간이 결정적인 장면이라는 점을 생각하면 제대로 바꾸어놓는 것이 무엇보다도 중요했다. "하루 내내 그 장면을 찍었어요. 사실상 그 장면이 영화의 오프닝에 해당하기 때문에 정말 중요했죠. 세부 장식들, 눈에 보이는 풍경들로 관객들이 조나 다른 등장인물이 정말로 뉴욕에 있다고 믿게 하고 싶었어요."

한편 〈작은 아씨들〉은 뉴잉글랜드의 경계를 전혀 넘지 않고 파리의 대로와 응접실 등으로 여행을 떠났다. 많은 유럽 장면들이 매사추세츠의 입스위치에 있는 명소, 크레인 부지에서 촬영되었다.(영화의 해변 장면도 이 부지에서 촬영했다.) 시카고의 산업 전문가 리처드 T. 크레인Richard T. Crane의 이름을 딴 2,100에이커(약 260만 평)의 땅은 환상적인 경치와 캐슬힐, 크레인 비치, 크레인 야생동물보호지역 등의 개별 소유지를 자랑한다.

(오른쪽, 위) 단역 배우들이 뉴욕 시 세트장에 활기를 불어넣고 있다
(오른쪽, 아래) 〈작은 아씨들〉의 뉴욕을 만들어내는 세트의 세부 장식들

N.Y. STATE LOAN & TRUST
NEW JERSEY & ESSEX, LONG ISLAND RAILWAY
UNION
BANK OF NEW YORK
NEW YORK CITY
Daily Tribune 
CITY HALL CUSTOM HOUSE
DINING SALOON
FREE CONCERT EVERY EVENING
CHOICE WINES LIQUORS & CIGARS
BILLIARD TABLES CARD GAMES
STEAM HEATED FIRST CLASS BATH
MUSIC LESSONS
KNICKERBOCKER HOTEL
LUNCH NEW YORK
HOT FRANKFURTER 2¢
STAR SHOE SHINE
PIANO
1760
120
COLLECTOR'S OFFICE DEPUTY COLLECTOR PROPERTY ASSESSMENT TAX COLLECTION CARGO DUTIES
PIANO FORTES TO LET
FOR HOTEL GUESTS ONLY · PLEASE SPECIFY DESTINATION BEFORE BOARDING
KNICKERBOCKER HOTEL

프리드리히 바에르와의 논쟁 이후,
좌절감을 느끼며 뉴욕의 거리를 걷는 조

SATISFACTION
GUARANTEED
SOAP
MS FOR LE
25¢ ROOM
FRUIT
領 帶
FISH
雞
豬

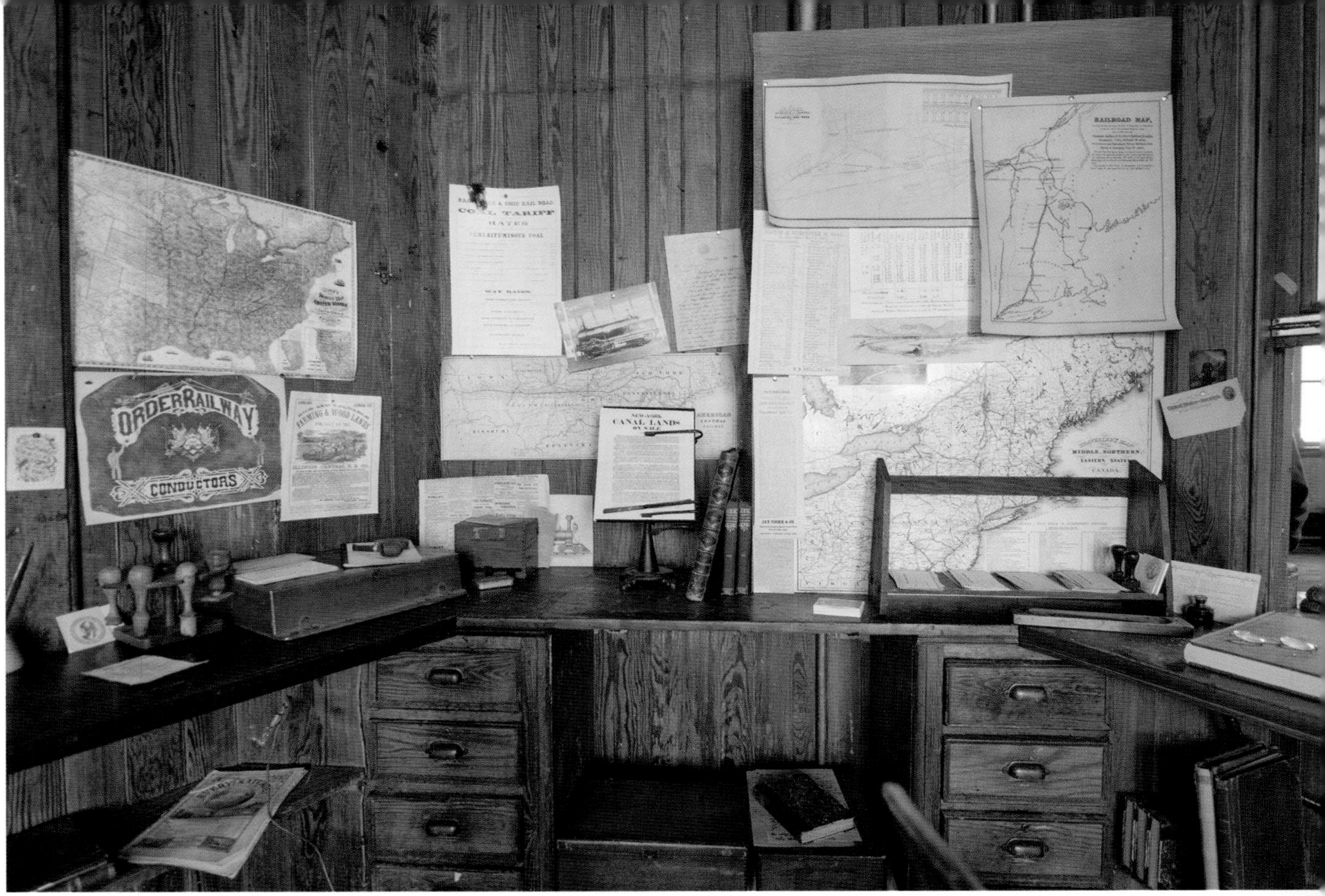
ORDER RAILWAY
CONDUCTORS
COAL TARIFF
RATES
WAY RATES
FARMING & WOOD LANDS
NEW-YORK
CANAL LANDS
RAILROAD MAP.

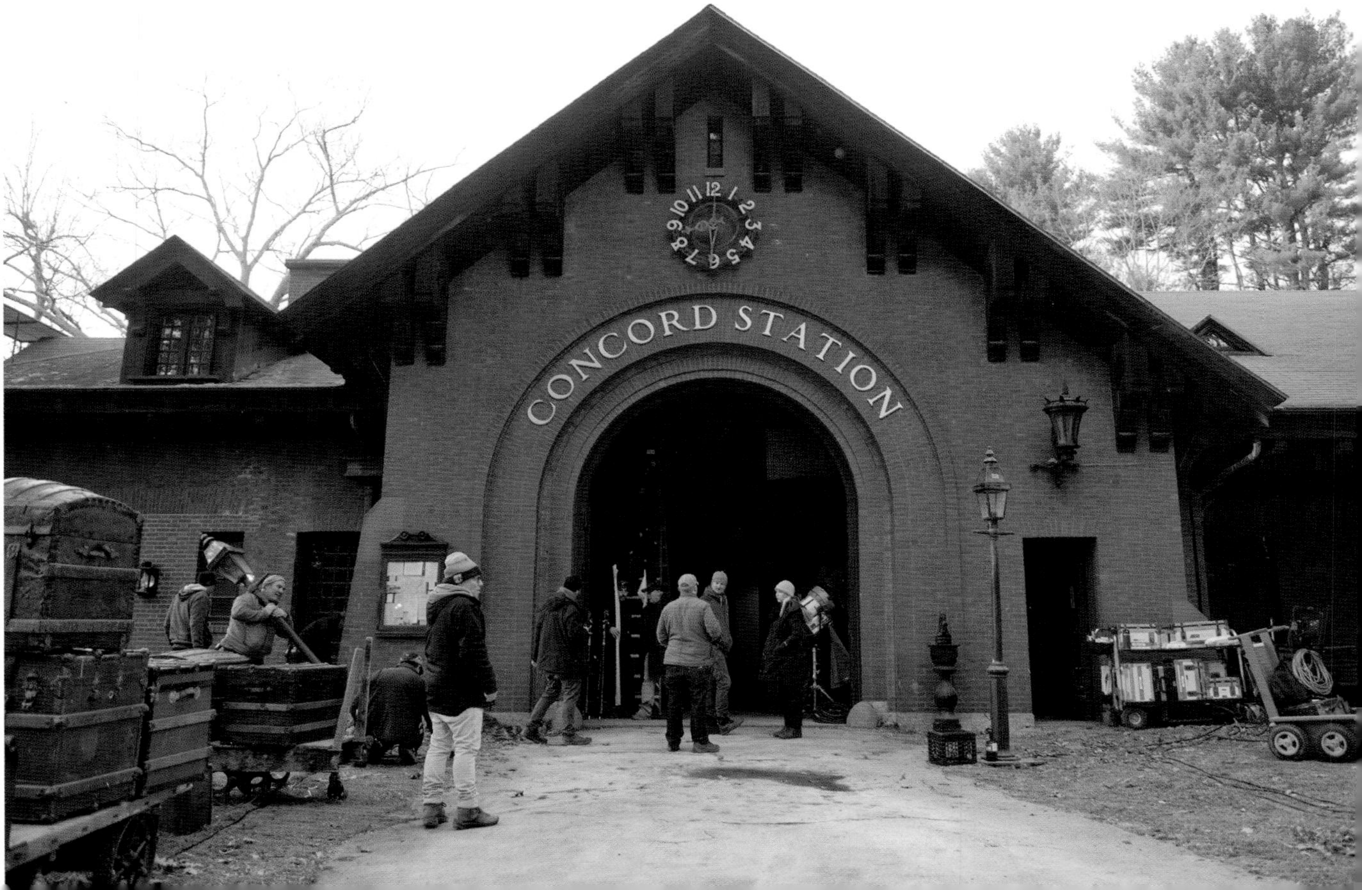
CONCORD STATION

플로렌스 퓨(에이미)와 메릴 스트립(마치 대고모)이 마차를 타고 파리 거리를 지나는 장면을 촬영하기 위해 준비하고 있다

캐슬힐 꼭대기에는 건축가 데이비드 애들러David Adler가 설계한, 그 시대의 골동품을 비치해 둔 방이 59개나 되는 스튜어트 왕조 시대의 맨션이 자리하고 있다. "정원이 풍성하고 해변에 자리해 있는 데다 규모가 엄청나요. 확실히 유럽에 있는 게 분명하다고 느끼게 해줄 장소였어요." 미술 감독 제스 곤처의 설명이다.

1868년 새해 전날 오후, 로리와 에이미가 파리에서 재회하는 중요한 장면. 마치가의 막내딸이 지붕 없는 마차를 타고 마치 대고모 옆에 앉아 가며 사랑하는 여인에게 버림받은 스물여섯 청년을 훔쳐보는 이 장면을 촬영하기 위해, 제작진은 하버드 대학교의 아널드 수목원을 방문했다. 1872년에 조성되었으며, 식물 연구에 땅을 기증한 포경 상인 제임스 아널드James Arnold의 이름을 딴 이 부지에서는 지금까지 단 한 번도 영화촬영이 진행된 적이 없었다. "〈작은 아씨들〉이었기에, 즉, 환경주의와 자연환경 보호라는 문학적인 전통을 가진 작품이었기에, 식물원 측에서 기꺼이 문을 열어주겠다고 했죠." 로케이션 담당 더글러스 드레서는 말한다.

아널드 수목원은 영화가 원하는 19세기 중반 파리 도시공원의 느낌을 정확히 환기하는 곳이었다. 아름답고 성숙한 나무들 사이로 넓은 산책로가 뻗어 있는 곳에서 말이 끄는 마차와 시대 의상을 입은 백 명이 넘는 단역 배우들이 돌아다니는 촬영 현장. 마치 과거로 시간여행을 온 것 같다. 물론, 현대식 간식만은 예외였다. "마차에서 감자튀김을 먹었어요." 에이미 역의 플로렌스 퓨가 밝게 말한다. "메릴 스트립과 함께 감자튀김을 먹으면서 마차에 앉아 있었다니까요. 그런 일이 언제 또 일어나겠어요?"

(왼쪽, 위) 콩코드 역 세트의 세부 장식들
(왼쪽, 아래) 콩코드 역 세트장에서 촬영 준비를 하는 제작진

Chapter 7

마치 자매처럼 살기

※

"I'd rather take coffee than compliments just now."

Amy March

"지금은 그런 찬사보다는
커피가 더 반가워."
— 에이미 마치

마치 가족의 집. 크리스마스 장식을 하며
미소를 주고받는 마미 마치와 로런스 씨

해나, 베스, 에이미, 메그 역의 배우들과 함께 장면을 연출하는 그레타 거윅 감독

마치 가족의 강력한 D.I.Y do-it yourself approach 정신은 때로는 그 필요성 때문에, 때로는 순전히 모험 정신에서 그들 삶의 모든 측면으로 확장되었다. 배우 시얼샤 로넌은 말한다. "집에 있을 때면 마치 가족은 상당히 보헤미안적으로 자유분방한 생활방식을 영위해 가요. 무척 감성적이죠. 그들 자신, 그들이 하는 일과 작업, 다른 이와 함께하는 방식, 모두가 매우 창의적이고, 믿을 수 없을 정도로 표현적이에요."

마치 가족의 크리스마스 준비 과정은 그들이 특별한 행사가 있을 때마다 발휘하는 예술적인 솜씨의 완벽한 예라고 할 수 있다. 그들은 생활이 궁핍해지자 크리스마스 장식을 얻기 위해 자연으로 향한다. "겨울이기는 했지만 바깥의 것들을 집 안으로 들여오는 게 중요했어요." 배경 장식가 클레어 코프먼은 말한다. "마치 자매들이 많지 않은 재료로 정말 많은 것을 하고 싶어하는, 실로 상상력이 풍부하고 창의적인 소녀들이라는 사실을 집 안에서 고스란히 느낄 수 있게 하고 싶었죠. 크리스마스 장식만 해도 그래요. 자매들은 밖에 나가 물건을 살 수 있는 형편이 못 되었을 테니 그들이 가지고 있거나, 접근할 수 있던 것들을 조사해야 했죠."

코프먼이 찾은 답은 소나무 화환을 걸어놓고, 과일과 먹을 수 있는 여러 간식들을 사용해 크리스마스트리를 장식하는 것이었다. 트리 중 하나는 진짜 양초로 장식되었다. 전기가 발명되기 이전처럼 생활했던 마치 가족은 집 안뿐 아니라 크리스마스 장식의 중심 부분을 밝히기 위해서도 석유램프와 양초를 이용했다.

코프먼은 말한다. "크리스마스트리도 다 자란 큰

(위) 근접 촬영한 마치 가족의 크리스마스트리
(오른쪽) 사랑스러운 마치 자매들. 메그(엠마 왓슨), 조(시얼샤 로넌), 에이미(플로렌스 퓨), 베스(일라이자 스캔런)

나무가 아니라, 가느다란 것을 사용했어요. 당시 사람들이 그렇게 했기 때문에 우리도 그렇게 하는 게 중요했죠. 가짜 나무는 사용하지 않았어요. 진짜 나무를 베어서, 그 위에 초를 꽂고 말린 오렌지와 줄에 끼운 팝콘으로 장식했죠. 당시 사람들이 했던 방식을 충실하게 따르려고 노력했어요."

푸드스타일리스트 크리스틴 토빈Christine Tobin은 빅토리아 시대 정통 요리를 만드는 데 집중했다. "당시 음식들은 단순했기 때문에 마치 가족이 뒷마당에서 키우고 있었을 법한 재료로 원하는 색감을 연출할 수 있었어요. 마치 가족은 케이크와 음식 접시를 장식할 때도 자연 속에서 필요한 요소를 취했어요. 예쁜 리본 같은 것을 살 돈이 없었으니까요." 토빈의 말이다.

촬영에 필요한 음식을 가능한 한 많이 준비하기 위해 토빈은 촬영이 시작되기 3주 전부터 대규모 프로젝트를 진두지휘했다. 블루베리 콩포트(설탕에 절여 차게 식혀 먹는 디저트.-옮긴이), 라즈베리·블랙베리·믹스베리 잼 및 자두 설탕 조림, 배 설탕 조림 등을 만들었고, 어린 에이미와 학교 친구들이 라임 절임에 대한 열정에 사로잡혀 있던 장면을 촬영하기 위해 60개 이상의 라임을 소금에 절여 수십 개의 병에 담아두었다. (라임을 절여서 먹는다는 말이 이상하게 들릴지도 모르지만 실제로 1860년대에 어린이들 사이에서 큰 인기를 얻었고, 사탕 가게에서 종종 개당 1페니에 판매되었다.)

토빈은 〈작은 아씨들〉을 위해 역사적인 요리법을 연구했다. 오늘날 요리사들 사이에서 매우 인기 있는 '농장에서 식탁까지(농장 직거래 운동을 의미한다.-옮긴이)' 접근법이 19세기에는 매우 흔한 일이었다는 점에서 토빈은 '적을수록 더 좋다'라는 그와 비슷한 요리 철학을 채택했다. "모든 요리에서 굽고 데치는 간단한 조리법을 썼어요. 사용한 재료들도 보통 현지에서 조달할 수 있는 것이었고요. 올컷 가족은 정원과 사과 과수원, 뒤뜰에서 나는 재료들로 요리했어요. 당시 사람들은 다 그렇게 살았죠."

토빈은 식자재들을 구입하면서 가끔 세트 장식에 도움이 될 만한 물건들을 찾곤 했다. "동네 농장에 찾아가서 거의 퇴비에 가까운, 완전히 썩은 배 같은 것을 보고 '이것 좀 제가 가져가도 될까요?'라고 묻

(오른쪽, 위) 마치 가족의 거실에 놓인 수제 크리스마스 장식 용품들
(오른쪽, 아래) 크리스마스 아침 식탁을 채운 배 절임, 고구마, 소시지 접시

마치 가족의 크리스마스 아침 식탁

곤 했어요. 한자리에 오랫동안 떨어져 있던 것처럼 보이게 하려고요. 당시에는 모든 것이 완벽하지도 않고, 대량 생산된 것처럼 보이지도 않았어요. 과일이든 채소든 얼룩도 있고 그랬죠. 그렇게 못생긴 음식들이었지만 적절한 위치에 배치하고 올려놓아서 아름다워졌어요."

마치 가족과 로런스 가족의 이질적인 경제 상황을 정확히 구분하기 위해 소품 감독 데이비드 굴릭은 각각의 집에서 빵을 구울 때 사용하는 밀가루조차도 차별화해야 한다고 생각했다. "부의 차이를 보여주기 위해 로런스 저택에서는 흰 밀가루를, 마치 가족의 집에서는 어두운 색 밀가루를 사용했어요. 일반 가정에서는 흰 밀가루를 사용하지 않았거든요. 마치 가족 집에는 페이스트리를 굽거나 요리할 때 쓰는 흰 밀가루는 많지 않았을 거예요." 굴릭은 말한다.

하지만 영화 속 페이스트리는 밀가루를 달리 쓰지 않았다. 푸드스타일리스트 토빈은 보스턴에서 가장 훌륭한 빵집 몇 곳에 도움을 청해 자신의 보조인 보스턴의 셰프 캐럴린 화이트Carolyn White와 거의 매일 엄청난 양의 수제 간식을 만들어냈다.

"여러 조리법들을 사용했어요. 특히 런던의 현대 요리책에 실린 오븐 요리들을 많이 참고했죠." 토빈은 스타일 면에서는 과거에 뿌리를 두었지만, 현대화된 조리법을 찾으려 애썼다. "옛날 조리법을 연구하고 시험해 보는 데 시간이 너무 많이 걸렸어요. 밀가루가 너무 달랐거든요. 당시의 빵 종류는 무겁고 달걀도 많이 들고 밀도도 높았죠. 그다지 매력적이진 않죠. 멋진 다단 케이크를 보고 싶으면 균형을 정말 잘 맞춰야만 해요."

크리스마스 아침, 마치 가족의 집에서는 가장 훌륭한 음식들의 향연이 펼쳐진다. 부유한 로런스 가족이 보내준 만찬에는 풍성하고 아름다운 페이스트리와 달콤한 과자 들이 들어 있다. 무엇보다 놀라운 음식은 엄청난 양의 민트 아이스크림인데, 마치 자

모팻의 봄철 무도회에 차려진 아름다운 케이크

푸드스타일리스트 크리스틴 토빈, 소품 조감독 모건 클링Morgan Kling, 소품 보조 그레이스 굴릭Grace Gulick

푸드스타일리스트 크리스틴 토빈이 마치 가족의 '흥청망청한' 크리스마스 만찬을 마지막으로 손질하고 있다

매들이 일상적으로 즐길 수 없었던 것이다. "1860년대에 많은 양의 아이스크림을 전시하기 위해서는 일단 아이스크림을 만들어야 했고, 그다음에는 차갑게 유지해야 했죠. 당시로서는 엄청난 돈과 시간을 써야만 가능했던 일이에요." 소품 감독 굴릭의 설명이다.

토빈은 이 만찬 장면을 촬영하기 위해 25갤런(약 95리터)짜리 용기에 담긴, 그 지역에서 만든 선명한 색상의 아이스크림을 세 통 준비했다. "매우 구체적인 색상이어야 했어요. 시나리오에 분홍색이고 소녀들이 경이로움을 느껴야 한다고 되어 있었거든요." 토빈은 말한다. 아이스크림을 차갑게 유지하기 위해, 굴릭과 토빈은 큰 국자로 뜬 아이스크림을 냉동실에 넣어두었던 거대한 은색 그릇에 수북하게 담아 놓고, 너무 녹아 보이는 것은 근처 드라이아이스 위에 보관해 둔 다른 아이스크림으로 계속 대체했다. "그렇게 중요한 장면에서 가짜 아이스크림을 썼다면 원하는 효과를 내지 못했을 거예요. 약간은 녹아도 상관없었어요. 그게 당시에 아이스크림을 먹을 때 생겼을 자연스러운 상황이니까요." 토빈의 설명이다.

영화 속 레시피

마치 가족처럼 요리하기

※

"I'll learn plain cooking
for my holiday task,
and the next dinner party
I have shall be a success."

Jo March

"이번 휴가 동안 요리법을 배워서
다음에 손님들에게 식사를 대접할 땐
꼭 성공하고 말겠어요."

—조 마치

크리스마스 만찬을 위해 공들여 장식한 마치 가족의 식탁

• 민트 아이스크림 •

1쿼트 분량(1쿼트는 약 1리터.–옮긴이)

이 민트 아이스크림은 마치 자매들이 집에 도착해서 로런스 가족이 보내온 공들여 만든 크리스마스 만찬을 선물받게 되는 매우 중요한 장면에 등장한다. 그레타 거윅 감독은 시나리오에서 아이스크림이 반드시 분홍색이어야 한다고 강조했다.

이 장면에 사용된 아이스크림은 100년 넘게 아이스크림을 만들어온 보스턴 지역 회사인 퓨리턴 아이스크림에서 만든 것인데, 영화 속 19세기 음식 장면에 완벽하게 어울린다.

이 아이스크림은 정말 '진짜'다. 50개 이상의 아이스크림 덩어리가 펀치볼을 가득 채우고 있다. 빨리 움직여야 했고, 장면과 장면 사이에 녹은 덩어리를 교체해야 했다. 아이스크림이 펀치볼 측면을 따라 천천히 흘러내리는 동안, 배우들은 손가락을 핥고 있었다. 이 장면을 위해 75갤런(약 284리터)의 아이스크림을 사용했다.

사람들은 내가 영화 촬영장에서 오직 신선한 진짜 음식만 사용한다는 사실에 종종 놀라곤 한다. "이거 정말 먹을 수 있는 거예요?" 내가 자주 듣는 질문이다. 나는 사람들과 아름다운 음식을 나눠 먹는 것을 좋아하고, 그건 영화 촬영장에서도 다르지 않아야 한다고 생각한다. 분초를 다투는 음식을 카메라 앞에 진열하는 일에는 많은 이점이 있다. 배우들이 기뻐하며 손가락을 핥게 하는 것도 그중 하나다! — 크리스틴 토빈(푸드스타일리스트)

설탕 3/4컵
달걀 큰 것 2개
옥수수 전분 1큰술
하프앤하프(우유와 크림을 반씩 섞은 것.–옮긴이) 2컵
헤비 크림 1컵
민트 추출물 2작은술
붉은 색소 6방울
으깬 민트 사탕 3/4컵

– 중간 크기의 믹싱볼에 달걀과 설탕을 넣고 걸쭉한 담황색이 될 때까지 거품기로 친다. 여기에 옥수수 전분을 함께 넣어 따로 놓아둔다.
– 무게가 나가는 중간 크기의 소스 팬을 중간 불에 올려놓고 하프앤하프 2컵을 끓인다. 불에서 팬을 내리고, 따뜻한 하프앤하프를 친 달걀과 설탕이 담긴 볼에 넣고 천천히 섞어준다. 전체 혼합물을 팬에 다시 붓고 약한 불에 얹어놓는다. 커스터드가 약간 걸쭉해질 때까지 거품기나 나무 주걱으로 계속 저어준다. 불을 끄고, 뜨거운 커스터드를 여과기를 통해 깨끗하고 큰 그릇에 붓는다. 커스터드를 약간 식힌 다음 헤비 크림, 민트 추출물, 식용 색소를 넣고 저어준다.
– 비닐 랩으로 덮고 차가워질 때까지, 또는 하룻밤 동안 냉장고에 넣어둔다.
– 으깬 민트 사탕을 차갑게 식힌 커스터드에 넣고 아이스크림 제조기에 넣은 후 제조사의 지침에 따라 한두 덩어리씩 얼린다. 완성된 아이스크림은 부드럽지만 먹을 수 있는 상태일 것이다. 더 단단한 아이스크림을 원한다면, 커스터드를 냉동 보관 용기로 옮기고 2시간 이상 얼린다. 크게 떠서 맛있게 즐긴다!

• 라즈베리 핸드 파이 •

핸드 파이 16개 분량

라즈베리 잼으로 채워진 버터 크러스트 핸드 파이는 마치 가족의 제빵 목록에서 주요 메뉴로 사용되었고, 마미 마치가 가장 좋아했던 간식이기도 하다. 〈작은 아씨들〉 촬영을 위해 고안된 다른 많은 간식들과 마찬가지로 이 파이에도 과립 설탕이 뿌려진다. — 크리스틴 토빈

반죽 재료:

다용도 밀가루 1컵
과립 설탕 2큰술
소금
깍둑썰기한 차가운 무염 버터 1/2컵
찬물 1/4컵

핸드 파이 재료:

속에 넣을 라즈베리 잼
파이 표면에 발라줄 우유
빵 위에 뿌릴 미세 설탕

반죽 조리법

– 큰 그릇에 밀가루, 설탕, 소금 한 꼬집을 넣는다. 깍둑썰기한 버터를 추가한다. 빵가루 같은 질감을 얻을 때까지 손이나 페이스트리 커터를 사용해서 버터를 잘게 부순다. 이 버터와 밀가루 혼합물에 한 번에 1큰술씩 찬물을 넣으며 반죽한다. 반죽을 너무 많이 치대면 안 된다. 반죽을 평평하게 펴고 비닐 랩으로 감싼다. 2시간 이상 차게 식힌다(하룻밤이 가장 좋다).

핸드 파이 만들기

– 오븐을 180도로 예열한다. 두께가 약 1/4인치(약 6.4㎜)가 될 때까지 반죽을 넓게 민다. 지름 3인치(약 7.6㎝)짜리 원형 쿠키 커터나 음료수 잔을 사용해서 최대한 많은 원을 잘라낸다. 원형 반죽 한가운데 라즈베리 잼 1작은술을 넣고 가장자리에 우유를 바른 후 반죽을 반으로 접어 잼을 감싼다. 손가락으로 가장자리를 부드럽게 누른다. 반죽이 벌어지지 않게 제대로 붙이려면 포크로 가장자리를 누른다. 파이 겉 부분에 우유를 바르고 과립 설탕을 뿌린다. 남은 반죽도 같은 방식으로 모두 마무리한다.

– 핸드 파이를 쿠키 판에 놓고 20~25분 동안, 또는 바닥이 근사한 황금빛 갈색이 될 때까지 굽는다.

• 라임 절임 •

라임 10~12개 분량

라임 절임은 조리법이 매우 간단해 인내심만 있다면 만들 수 있다. 이 라임 절임을 빨아 먹는 것이 19세기 뉴잉글랜드 어린이들에게는 큰 즐거움이었다. — 크리스틴 토빈

10~12개의 라임
대용량 코셔 소금(요오드를 첨가하지 않은 소금으로, 일반 식탁용 소금보다 알이 굵고 덜 짜며 물에 쉽게 녹아 절임 등에 많이 사용된다.—옮긴이)

– 라임을 깨끗이 씻어 끝을 잘라낸다. 각각의 라임에 위에서부터 길게 십자형 칼집을 넣는다. 각 칼집은 라임의 속살까지 부드럽게 침투해야 한다. 그런 다음 칼집 속에 소금을 넣는다. 소금이 많이 들어갈까 봐 겁내지 말고 충분히 넣는다.
– 소금을 넣은 라임을 유리병에 넣고 밀봉한다. 이때 공기가 들어가지 않게 단단히 포장해야 한다. 시원하고 어두운 찬장에 12시간 동안 놓아두었다가 라임을 항아리에서 모두 꺼낸 후 하나씩 강하게 짜서 즙을 항아리에 담는다. 라임이 즙에 완전히 잠길 때까지 이 과정을 여러 번에 걸쳐 2~3일 동안 반복한다.
– 한 달 동안 서늘하고 빛이 안 드는 어두운 찬장에 항아리를 보관한 후 라임을 꺼내 먹는다.

• 마미의 생일 케이크 •

케이크 1개 분량

〈작은 아씨들〉에 나오는 모든 음식들이 그러하듯, 이 갓 구운 케이크도 마치 가족의 특징을 보여주기 위해 고안되었다. 야외 활동을 사랑하는 마치 가족은 그 사랑을 보여주기 위해 가장 단순한 케이크조차 자연의 아름다움을 활용해 장식한다.

이 장면이 촬영된 주에 보스턴의 가을 정취는 정점을 이루고 있었다. 당시 내 딸 샬럿이 자메이카 연못과 포리스트힐스 공동묘지를 에워싸고 있는 나무들에서 떨어진, 놀랄 만큼 선명한 색상의 낙엽을 내게 주워주었다. 우리가 특별한 유대감을 느끼게 해준 순간이었다. 이 케이크를 구상할 때 중점을 둔 것도 소중한 사람에게 음식을 선물할 때의 감사의 마음을 표현하는 것이었다. 감상적인 기분으로 무언가를 표현할 때 얻어지는 특별한 에너지가 있다.

조와 그녀의 어린 학생들이 손수 만든 이 케이크에는 그러한 에너지가 담겨 있다. 크고, 어수선하고, 장난기가 느껴진다. 단순한 시폰케이크에 간단히 머랭 버터크림을 발랐다. 나는 케이크를 통째로 남겨 좀 더 장난스럽게 보이도록 했지만, 케이크를 반으로 자른 다음(또는 두 개의 팬을 사용해 구운 다음) 입맛에 맞게 크림, 잼, 커드 등을 채워도 된다. — 크리스틴 토빈

반죽 재료:

큰 달걀 7개, 흰자와 노른자는 분리해 둔다
타르타르 크림 1/2작은술, 또는 레몬즙 1작은술
설탕 1컵과 1/2컵, 따로 담아둔다
표백하지 않은 다용도 밀가루 2컵
베이킹파우더 2와 1/2작은술
소금 3/4작은술
식물성 기름 1/2컵
우유 3/4컵 (전지, 또는 탈지)
바닐라 추출액 2작은술

머랭 버터크림 재료:

저온 살균 액상 달걀흰자 3/4컵
파우더 설탕 6컵
소금 1/2작은술
실온에서 녹인 무염 버터 3컵
바닐라 추출액 2큰술
아몬드 추출액 1작은술 또는 피오리 디 시칠리아 향신료 1/4작은술

케이크 조리법

– 오븐을 160도로 예열한다. 기름칠하지 않은 10인치(25.4cm) 튜브 팬(도넛 모양의 케이크를 굽는 팬.–옮긴이)이나 에인절 푸드 팬(튜브 팬과 비슷한 케이크 팬.–옮긴이), 또는 9인치(약 23cm) 원형 케이크 팬 2개를 준비한다. 만약 원형 팬을 사용한다면, 오븐 가운데에 선반을 놓는다. 튜브 팬이나 에인절 푸드 팬의 경우에는 오븐 가운데 바로 밑에 선반을 놓아서 케이크의 상단이 오븐 상단에 너무 가까이 가지 않도록 한다.
– 커다란 믹싱볼에 타르타르 크림, 또는 레몬즙과 달걀흰자를 넣고 거품이 날 때까지 친다. 설탕 1/2컵을 천천히 추가하면서 빽빽해지고 광택이 날 때까지 계속해서 친다. 옆으로 치워둔다.
– 남은 설탕 1컵을 밀가루, 베이킹파우더, 소금과 섞은 후 옆으로 치워둔다. 별도의 그릇에 기름, 우유, 달걀노른

자, 향신료를 넣고 담황색이 될 때까지 거품기로 친다. 앞의 밀가루 혼합물을 넣고 골고루 섞일 때까지 휘젓는다. 자동 반죽기로는 약 2분간 중간 정도의 속도로, 수동 반죽기로는 더 오래 젓는다.

– 거품이 생기도록 친 달걀흰자와 반죽을 스테인리스 거품기나 케이크 믹서기를 사용해 부드럽게 반죽한다. 그릇의 바닥에 묻은 것도 반드시 긁어 잘 섞어준다. 반죽을 팬에 붓는다.

– 튜브 팬이나 에인절 푸드 팬을 사용한다면, 160도에서 50분간 굽고, 온도를 180도로 올려 10분간 더 굽는다. 또는 반죽을 찔러봐서 이쑤시개가 깨끗하게 나올 때까지 굽는다. 9인치 원형 팬 2개를 사용한다면, 160도에서 40분간 굽고, 온도를 180도로 올려 10분간 더 굽거나, 반죽을 찔러봐서 이쑤시개가 깨끗하게 나올 때까지 굽는다.

– 케이크를 팬째 뒤집어 30분 동안 식힌 후, 케이크와 팬 사이에 가늘고 날카로운 칼을 집어넣어 빵을 떼어낸다. 튜브 팬을 사용한다면, 팬을 목이 가느다란 병 위로 올려 튜브 구멍에 병목을 끼워놓는다. (케이크는 아래로 팬은 위로 가게 뒤집어서 식히면 스펀지가 가볍고 폭신해진다.)

머랭 버터크림 조리법

– 노가 부착된 대형 스탠드 반죽기의 볼에서 달걀흰자, 파우더 설탕, 소금을 섞는다. 설탕이 촉촉해지고 마른 조각이 남지 않을 때까지 느린 속도로 섞는다. 반죽기를 끄고 주걱으로 그릇의 옆면과 바닥을 긁어낸 다음 반죽기를 중간 속도로 돌린다. 중간 속도로 5분간 반죽한다.

– 5분 후, 반죽기 속도를 중약으로 바꾸고 실온에서 녹인 버터를 한 번에 1~2큰술씩 첨가한다. 버터가 전부 섞이면 바닐라와 아몬드 추출액을 넣고 잘 섞일 때까지 혼합한다. 반죽기를 멈추고 바닥과 측면을 다시 한번 긁어낸다. 반죽기 속도를 중간으로 바꾸고 10분 동안 버터크림을 친다. 완성된 프로스팅(크림)은 가볍고 폭신한 질감이어야 한다.

케이크 완성

– 완전히 식힌 케이크를 접시 또는 받침대에 올려놓는다. 머랭 버터크림 프로스팅을 케이크 위에 덮는다. (케이크를 두 개 만들었다면 더 많은 버터크림이나 잼, 또는 커드로 케이크 사이를 채울 수 있다.) 원한다면 자연에서 가져온 재료로 장식한다.

• 크랜베리 잼 •

16온스(약 450g) 항아리 8개 분량

우리가 이 장면을 찍었던 날은 뉴잉글랜드에서는 말도 안 되게 따뜻한 날이었다. 노란색 꿀벌이 종일 내 작업 공간에 넘쳐나고 있었다. 아무도 쏘이지 않은 것만 해도 기적이었다!
마미의 초간단 크랜베리 잼 만들기. 사실 이 장면은 더 추운 달이 배경으로 설정되어 있었기에, 크랜베리야말로 마미가 잼을 만들기에 완벽해 보였다. 그냥 먹으면 시큼털털한 크랜베리는 일단 설탕과 함께 끓이면, 토스트나 구운 고기에 얹을 조미료로 손색없는, 풍미 있는 잼으로 변신한다.
— 크리스틴 토빈

냉동 크랜베리 10온스(약 280g)

설탕 2컵

– 바닥이 두꺼운 냄비에 크랜베리와 설탕을 함께 넣는다. 중간보다 조금 센 정도의 불로, 설탕이 녹고 크랜베리가 수분을 방출할 때까지 12~15분 정도, 몇 분에 한 번씩 저으면서 가열한다. 식힌 크랜베리 혼합물을 고속 믹서에 조심스럽게 옮겨 담는다. 뚜껑을 단단히 닫고, 열매와 껍질이 완전히 분쇄될 때까지 고속으로 돌린다.
– 분쇄한 혼합물을 바닥이 두꺼운 냄비에 넣고 중불로 가열하면서 몇 분에 한 번씩 타지 않게 저어준다. 혼합물이 걸쭉해질 때까지 졸인 후 숟가락 뒷면에 묻혀 흘러내리지 않는지 확인한다. 이 모든 과정은 20~25분 정도 소요된다.
– 잼을 불에서 내려 천천히 식힌다. 따뜻한 잼을 소독한 식품 보존용 유리병에 옮겨 담는다. 냉장 보관하면 3주 동안 먹을 수 있다.

• 설탕과 시나몬을 뿌린 사과 빵 •

한 덩어리 분량

이 사과 빵은 '장면 23'의 배경 배치를 위해 준비되었다. 메그는 이제 막 가족을 위해 요리하고 빵 굽는 법을 배우기 시작했다. 빵 윗부분이 '구깃구깃' 울퉁불퉁해지는 게 마음에 들었는데, 이러한 질감이 메그의 아마추어 제빵 기술의 투박함을 시각적으로 강조해 줄 것 같았기 때문이다. 뉴잉글랜드에는 사과가 풍부해서 마치 가족의 과일 작물을 활용한 다양한 빵, 코블러(통조림 과일이나 말린 과일, 비스킷 반죽을 활용한 간단한 파이.-옮긴이), 파이 등을 만들기로 했다. 이 사과 빵 조리법에는 따뜻한 크러스트를 장식하기 위한 약간의 시나몬과 설탕 혼합물이 필요하다. 올컷 가족은 과립 설탕을 무척이나 좋아해서 과일이나 간식 위에 단맛을 더하기 위해 자주 뿌려 먹었다. 사과 빵 위에 뿌리는 시나몬과 설탕은 올컷 가족에 바치는 경의라고 생각한다.

촬영장에서 멀리 치워두었음에도 이 사과 빵은 순식간에 제작진이 가장 좋아하는 간식으로 자리 잡았다. 거윅 감독도 이 조리법을 좋아해서 우리가 함께하는 마지막 촬영 날 감사의 선물로 만들어드렸다. 음식은 사랑이다. — 크리스틴 토빈

사과 빵 반죽 재료:

코셔 소금 1/2작은술
베이킹파우더 1/2작은술
밀가루 1과 1/2컵
실온에서 녹인 무염 버터 1/2컵
밝은 갈색 설탕 1컵
과립 설탕 1/4컵
시나몬 1/2큰술
달걀 2개
바닐라 추출액 1큰술
우유 1/2컵
껍질을 벗겨 잘게 썬 그래니스미스 사과(녹색 품종의 사과) 1개

시나몬 설탕 토핑 재료:

시나몬 1작은술
과립 설탕 1큰술

사과 빵 조리법

– 오븐을 180도로 예열하고 9×5인치(약 23×13cm) 빵 굽는 팬에 제빵 스프레이(빵이 눌어붙지 않도록 뿌리는 조리용 스프레이.–옮긴이)를 뿌린다. 팬 전체에 양피지를 깔고 다시 분무한다. 옆으로 치워둔다.
– 소금, 베이킹파우더, 밀가루를 함께 섞는다. 옆으로 치워둔다.
– 스탠드 반죽기의 그릇에 버터, 설탕, 시나몬을 넣고 중간 속도로 2분 동안 반죽하다가 필요하면 그릇 측면의 반죽을 긁어 다시 섞는다. 달걀과 바닐라를 넣고 부드러워질 때까지 계속 반죽하고 역시 필요하면 그릇 측면을 긁어낸다.
– 반죽기의 속도를 늦추고 밀가루 혼합물과 우유를 번갈아 추가하는데, 처음과 마지막은 밀가루 혼합물을 넣는다. 모든 재료가 막 뭉쳐지기 시작할 때까지 반죽한다. 마지막으로 사과를 넣고 적당히 반죽한다. 미리 준비해 둔 팬에 반죽을 붓는다.

토핑, 완성

– 시나몬과 설탕을 섞어 반죽 위에 뿌린다.
– 빵이 단단해져 중앙에 이쑤시개를 꽂았다가 빼면 깨끗하게 나올 때까지 50~55분 동안 굽는다.
– 빵을 팬에서 10분 동안 식힌 다음 꺼내서 와이어 선반으로 옮겨 완전히 식힌다. 따뜻하게, 또는 상온에서 제공한다.

장면 해부하기

첫 결혼식

"난 유행을 따르는 결혼식보다는 내가 사랑하는 사람들과 함께하는 그런 결혼식을 하고 싶어. 그리고 그 사람들에게 평소의 익숙한 내 모습대로 보이고 싶어."

–메그 마치

1865년 봄, 꽃과 햇살이 가득한 아름다운 날에 메그 마치는 존 브룩과 소박하고 감성적으로 결혼식을 올리고, 그 뒤로 소풍 피로연이 이어진다. 로리는 베스와 춤을 추고, 마미 마치는 마치 씨와 춤을 추며, 조는 바이올린 연주를 시도하면서 메그가 가족의 둥지를 떠나기로 선택한 것에 대한 자신의 깊은 슬픔을 잠재우려 노력한다(마치 대고모가 (조가 아니라) 에이미를 유럽에 데려가기로 선택했다는 사실을 알게 되면 메그 언니의 부재는 더욱 크게 다가올 것이다).

거윅 감독은 마치 가족이 야외 활동을 좋아한다는 사실에 맞춰 마치 가족의 집 밖에서 결혼식을 치르기로 했다. 당시의 사회적 관습에 부합한다고는 할 수 없는, 대신 가족의 반문화적 분위기를 절대적으로 반영한 비전통적인 축제로. "메그의 결혼식은 북유럽에서처럼 포트럭(손님들이 각자 음식을 조금씩 마련해 오는 파티.–옮긴이)으로 진행됐어요. 당시 결혼해서 사교계에 들어서기 위해서는 일찍부터 공식 무도회에 참석해야만 했어요. 사교계에서 결혼 이야기가 오가면 그 통로를 따라 걸어 들어가는 거죠. 메그의 결혼식은 당시 사교계에서 행해지던 것과는 정반대였어요." 소품 감독 데이비드 굴릭은 말한다.

(위) 촬영 장면을 지켜보는 그레타 거윅 감독과 제작진
(왼쪽) 메그와 존 브룩의 결혼식에 참석한 마미 마치, 마치 대고모, 로런스 씨

결혼식을 위해 꽃을 꺾는 베스와 에이미

메그의 결혼식은 반지 교환 없이 진행됐고(당시 남자는 결혼반지를 끼지 않았고, 여성은 낄지 안 낄지 선택했다), 메그와 존은 서로에게 매우 개인적으로 서약했다. 엠마 왓슨과 제임스 노턴은 자신의 배역이 낭독할 서약을 직접 썼다. "메그는 자신의 서약에서 왜 자신이 존과 결혼하기를 원하는지 그 이유를 말해요." 메그 역의 엠마 왓슨은 말한다. "화려한 내용은 아니에요. 대신 다음과 같은 사실을 바탕에 두고 있죠. '당신은 내 아버지가 아팠을 때 정성껏 간호해 주었어요. 내 어머니를 깊이 존경하죠. 그리고 내 자매들을 친동생들인 것처럼 잘 돌봐줘요.'"

배우들이 서약을 직접 쓰는 것은 일찌감치 결정된 사항이었지만, 어느덧 결혼식 촬영 날이 눈앞으로 다가왔고, 존 역의 제임스 노턴은 마지막 순간에야 존의 대사를 쓰기 위해 몸을 웅크리고 앉았다. "결혼식 촬영 사흘 전에, 엠마가 책을 여러 권 아주 열심히 읽고 있다는 걸 알게 됐어요. 숙제를 하고 있는 게 분명했죠. 전 그때 숙제를 안 하고 있었거든요. 어쨌든 사흘 동안 끝내야만 했어요. 저는 사랑과 결혼에 관한 초월주의적 접근법을 살펴보고, 초월주의 시들을 들여다봤어요. 존 브룩 같은 초월주의적 호기심이 많은 젊은이의 관점에서 결혼 서약을 써보는 건 흥미진진한 여행이었어요."

결혼식 당일에 노턴은 자신이 얼마나 초조해하고 있는지 인정했다. 세계적으로 유명한 배우들이 모두 모인 앞에서 연기해야 했으니 당연히 그랬을 것이다. 노턴은 당시를 떠올리며 이렇게 말한다. "엠마는 자신의 서약을 읽었고 저는 제 서약을 읽었어요. 아니, 메그는 메그의 서약을, 존은 존의 서약을 읽었다고 해야겠네요. 정말 사랑스러웠어요. 전 솔직히 겁을 집어먹고 있었어요. 하객 중에는 이름만 대면 알 법한 대배우들이 있었고, 그 앞에서 직접 쓴 단어들을 읽고 있었으니까요. 발가벗겨진 느낌이었지만, 최선을 다했습니다."

(오른쪽, 위) 마미, 존, 메그, 마치 대고모, 마치 씨가 결혼식이 끝난 뒤 대화를 나누고 있다
(오른쪽, 아래) 자신들의 새 집 앞에 선 존과 메그
(다음 페이지) 메그와 존의 결혼을 축하하는 마치 가족과 그들의 친구들

Bonne Année

Chapter 8

우리 춤춰요

"I can't get over my disappointment in being a girl."

Jo March

"내가 남자가 아니라는 게 참을 수 없어."
—조 마치

파리 무도회에서 춤추는 사람들

가디너 저택에서 열린 새해 전야 무도회. 춤추는 사람들의 뒤쪽에서 메그를 바라보는 조

1861년 새해 전날은 조세핀 마치가 시어도어 로런스를 만나는 운명의 날이다. 조는 가디너 저택에서 열린 무도회에 메그와 함께 가지만, 메그가 친구 샐리와 (너무 꽉 끼는 신발을 신고) 춤을 추고 즐기는 동안 어딘가로 숨기 위해 필사적이다. 술에 취한 젊은 청년 하나가 조와 춤을 추기로 작정하고 다가오지만, 조는 전혀 그럴 마음이 없다. 난로 옆에 바짝 붙어 서 있다 태워먹은 치마를 입고 오지 않았더라도, 그 청년과는 아무것도 안 했을 것이다.

조는 숨을 만한 장소를 찾고, 그곳에서 미래의 가장 친한 친구를 만나게 된다. 유럽에서 떠나 온 그 소년은 조만큼이나 기분이 언짢아 보인다. 그는 미국 사회의 관습에 익숙하지 않다. 조는 다른 사람들에 맞춰 자신의 삶을 사는 것에는 관심이 없다. 그런 식으로, 두 자유로운 영혼은 앞으로 그들 삶의 여정을 형성하게 될 즉각적이고 부인할 수 없는 인연을 느낀다. 근처에서 무도회가 계속되는 동안, 조와 로리는 자신들처럼 용감하고 속 편한, 활기 넘치는 춤을 함께 춘다.

(왼쪽) 가디너 저택 새해 전야 무도회에서 춤추는 메그

"춤추는 방식을 보면 그 사람의 성격에 관해 많은 부분을 알 수 있어요." 안무가 모니카 빌 반스Monica Bill Barnes는 말한다. 반스는 시얼샤 로넌과 티모시 샬라메의 자연스러운 케미를 조와 로리의 활기찬 춤으로 바꾸려 시도했다. "시얼샤와 티모시는 계속 움직여 다녀요. 넓은 공간을 차지한다는 의미예요. 그게 두 사람이 함께 추는 듀엣 춤을 만드는 데 큰 도움이 됐어요. 그 듀엣 춤은 다른 배우들에게는 전혀 어울리지 않을 거예요. 그들이 누구이고 누구와 함께 있는지에 크게 영향받는 춤이거든요."

〈작은 아씨들〉에는 네 번의 주요 춤 장면이 등장한다. 보스턴 깁슨 하우스 박물관에서 촬영된 가디너 무도회, 보스턴 윌리엄 히클링 프레스콧 하우스 박물관에서 촬영된 모팻 무도회, 보스턴 페어몬트 코플리 플라자 호텔의 대연회장에서 촬영된 파리 무도회, 독일 맥주 홀 세트장에서 촬영된, 뉴욕에서 〈십이야〉 공연을 보고 나온 조와 프리드리히 바에르의 훨씬 격식을 차리지 않는 춤 장면. 뉴욕에 기반을 둔 안무가이자 공연예술가로, 모니카 빌 반스 & 컴퍼니의 예술 감독을 맡고 있는 반스가 이 장면들의 안무를 짰다.

라이브 공연에 기반을 두고 폭넓게 활동해 온 반스는 개성과 유머, 일상생활의 타고난 연극성을 드높이겠다는 사명을 품고 1997년에 회사를 설립했다. 반스의 작품은 업라이트 시티즌스 브리게이드 극장부터 BAM 하워드 길먼 오페라 하우스에 이르기까지 미국 전역 80개 이상 도시의 파격적인 장소에서 공연되었다.

영화에서 작업한 적이 없었던 반스는 그레타 거윅 감독의 제안을 받으며(뉴욕에 거주하는 그레타 거윅 감독은 반스의 공연을 몇 번 관람한 적이 있었다) 영화 속 춤이라는 도전적인 과제 속으로 파고들 생각으로 흥분했다. "저는 여성이고, 스스로 특히 여성적이라고 생각하는 관점에서 작품을 만들고 있어요. 『작은 아씨들』은 그런 제게 소녀가 여자로 성장해 간다는 게 어떤 것인지, 여성이 걸어갈 수 있는 길은 무엇인지, 그 당시의 여성들의 삶은 어땠는지에 대해 경험을 형성할 수 있게 해준 책이에요. 저 역시 그레타 감독이 관심을 두는 지점에서 영감을 받았고, 『작은 아씨들』이 그레타 감독에게도 크게 영향을 미쳤다는 데서 그레타 감독이 무척 가깝게 느껴졌어요." 반스는 말한다.

반스는 안무가이자 공연예술가, 리허설 감독인 플래너리 그렉Flannery Gregg을 부안무가로 영입했다. 두 사람은 뉴욕 댄스 스튜디오에서 영화 〈작은 아씨들〉에 적합한 다양한 춤을 개발했다.

반스는 말한다. "플래너리와 저는 이미 체계화되어 있는 시대적인 춤에서 우리만의 방식을 찾아내려 했어요. 모타운(1960~1970년대 미국 디트로이트에서 활약한 아프리칸 아메리칸 음악 전문 레이블과 그 음악.-옮긴이)에 폴카를, 데이비드 보위David Bowie에 그랜드 마치(파티 등에서 본격적인 춤을 추기 전에 음악에 맞춰 진행하는 행진 놀이.-옮긴이)를 적용했죠. 왈츠는 왈츠처럼 보이고, 폴카가 폴카처럼 보이기를 원했지만, 그 이상으로 체계화하고 싶지는 않았어요. 저와 플래너리가 스튜디오에서 폴카 음악에 맞춰 폴카 춤을 만들려고 애썼다면, 배우들은 그 폴카를 절대 배우지 못했을 것 같아요. 우리는 결국 가장 완벽한 폴카 비트를 가진 디즈니 영화 〈카Cars〉의 음악에 춤을 맞추기로 했죠. 그게 정확히 우리가 찾던 박자였어요."

파리 무도회장. 춤출 배우들과 부안무가 플래너리 그렉

그럴듯하게 느껴지는 순서를 만드는 게 두 사람의 목표였다. 마치 자매들은 훈련된 무용수들이 아니었기에 동작은 정확하지만 여유롭고 비공식적이어야 했다. 반스는 말한다. "작품은 시대물이었지만, 우리는 춤에 현대적인 느낌을 주고 싶었어요. 뻣뻣하고 시대에 동떨어진 느낌을 주는 건 싫었죠. 관객들이 뭔가 공감할 수 있겠다고 느껴야 하니까요. 넋을 잃고 바라보게 되는 아름답고 우아한 춤보다는 그 안에서 자기 자신을 보게 해줄 춤을 만드는 것. 그게 안무가로서의 제 목표예요."

폴카와 왈츠 수업을 받고 "엄청나게 유튜브 검색"을 하면서, 그렉은 매사추세츠 공과대학교의 무용사학자 켄 피어스Ken Pierce에게 자문을 구했다. 피어스는 1860년대 춤과 관련된 중요한 관습들을 일깨워주었는데, 그중 하나가 여성은 왼손이 아니라 오른손을 뻗어야 한다는 것이었다. 피어스는 그렉과 함께 에이미 역의 플로렌스 퓨와 에이미의 부유한 구혼자 프레드 본 역의 대시 바버Dash Barber가 파리 무도회 장면을 준비하는 것을 도왔다. 이 장면에는 피어스가 파티 참가자 중 한 명으로 등장해 춤을 추기도 한다.

무도회 장면마다 다섯 가지 춤이 개발되었고, 배우들은 촬영 시작 전에 보스턴에서 2주간 진행된 리허설에서 그 춤들을 모두 배워야 했다. 배우들은 먼저 자연스러운 걸음으로 적당한 빠르기의 음악에 맞춰 걷는 춤인 그랜드 마치의 기본을 배웠다. 다음으로 두 사람이 마주 본 채 손을 잡고 빠르게 한 방향으로 미끄러져 나가다가 방향을 바꾸어 다시 이를 반복하는 갤럽을, 그리고 그 시대에 가장 빠르고 가장 인기 있던 춤인 폴카를 배웠다.

반스는 배우들과 함께한 시간에 관해 이렇게 이야기한다. "우리는 스튜디오에서 함께 작업하는 방법에 관한 토대를 마련하면서 작업했어요. 저는 배우들이 신이 나서 따라 하고, 각자 맡은 배역의 성격에 맞춰 직관적으로 이해할 수 있는 움직임을 만들어내고, 배우들은 그 춤을 배워 자신의 이야기 부분에서 일어나는 일과 엮어나가야 했죠. 함께 작업해나가는 동안 배우들에 대해 조금씩 알게 됐고, 그들의 성격과 신체적인 충동에 관해서도 파악하게 되었어요. 사람들은 모두 나름의 방식대로 움직이는데, 어떤 훈련도 그걸 바꾸어놓을 수는 없어요. 사람들이 춤추는 걸 보면 성격이 굉장히 많이 반영되어 있어요. 이런 점에서 배우들과 함께 시간을 보내면서 그들이 어떻게 지내는지 본 것이 안무를 짜는 데 많은 도움이 되었어요. 엠마는 완벽하게 스텝을 밟았죠. 세세한 부분까지 주의를 기울였어요."

네 번의 무도회 장면을 위해 반스와 그렉은 배우들과 함께 각 장면당 5시간씩 총 20시간의 리허설을 진행했다. 배우들은 장면별로 다섯 가지씩, 두 안무가가 고안한 춤들을 모두 배웠다. 각각의 설정이 서로 다른 별개의 것으로 느껴지도록 해야 했기에 각 춤들 간의 차이가 무척 중요했다. "같은 춤을 네 가지 버전으로 보여주는 것 같아선 안 되니까요." 반스의 말이다.

하지만 두 사람이 고안한 안무 중 많은 부분이 영화에 사용되지 않았다. 장면별로 두 가지 춤만 추었는데, 선택의 기준은 촬영장의 크기와 모양이었다. 특히 가디너 무도회와 모팻 무도회의 경우 방의 크기가 작아 휩쓸고 가는 듯한 큰 움직임이 어울리지 않게 느껴졌고, 보다 친밀한 분위기를 만들어야 했다. "어떤 공간에 들어서면 어느 정도의 스텝 수로 춤을 춰야 할지 알 수 있어요. 주변에 디저트가 얼마나 있는지 한눈에 가늠해 볼 수 있는 것처럼요. 어떤 춤들은 공간에 맞지 않죠." 반스의 설명이다.

반스와 그렉은 보스턴에서 활동하는 약 60명의 무용수들을 무도회 장면의 단역 배우로 참여시켰는데, 현대 무용가만 모집했다. "관객들이 영화를 보면서 누군가의 집에서 열린 파티에 참석해 춤추는 사람들을 보는 것처럼 느끼기를 바랐어요. 고전 무용수나 발레 무용수, 역사적인 춤을 공부해 온 무용수들보다는 현대 무용수가 훨씬 더 일반 사람들처럼 보이게 춤출 수 있죠." 반스는 말한다.

STIEBEN LAGER

독일 맥주 홀을 채운 무용수들

춤 중심으로 촬영된 첫 장면은 독일 맥주 홀 장면이었다. 이 장면에서는 부안무가 그렉도 춤추는 사람 중 한 명으로 등장한다. 영화 촬영장에는 발을 들여본 적 없던 두 안무가에게 첫 촬영은 잊을 수 없는 추억이 됐다. "정신이 하나도 없었어요. 무용수들 사이로 맥주잔을 잔뜩 든 사람이 지나가고, 바닥에는 가짜 맥주가 흘러 있고, 단역 배우 하나가 여섯 카운트에 다시 만나야 하는(스윙 댄스 동작으로, 남녀가 한 손을 놓고 떨어졌다가 여섯 카운트를 세고 다시 양손을 맞잡는다.-옮긴이) 커플 앞을 걸어가고…. 약간 취했지만 아직 몸은 가눌 수 있는 사람들이 아주 즐겁게 시간을 보내는 듯한 느낌이었어요. 그래서 훨씬 자유로웠죠." 그렉은 말한다.

반스는 그보다 공식적인 상황에서도 활기찬 파티 분위기를 이어가고 싶었다. 이를 위해 스튜디오에서 그렉과 함께 춤을 개발할 때 틀어놓았던 데이비드 보위의 〈모던 러브Modern Love〉나 큐어Cure의 〈저스트 라이크 헤븐Just Like Heaven〉 같은 업비트(춤 늘어지는 듯한 음악인 다운비트와는 반대로 활기차고 앞으로 나아가는 듯한 느낌의 음악.-옮긴이) 현대음악을 촬영장에서도 틀어놓았다. 영화에는 이 노래들 대신 알렉상드르 데스플라Alexandre Desplat의 오케스트라 곡이 쓰일 거라는 것은 물론 알고 있었다.

(왼쪽) 독일 맥주 홀에서 춤추는 조

반스가 말한다. "저는 거의 사전 녹음된 친숙한 음악들로만 작업을 해요. 그렇게 하면 라이브 공연에서 무용수와 관객이 같은 상황에 있다는 느낌을 주죠. 현대인은 자신이 더 많이 아는 음악에 반응하게 되어 있어요. 그래서 그런 음악을 틀어주면 배우들이 즉시 풍부한 감성으로 장면에 뛰어들 수 있을 거라고 생각했죠. 모든 무도회가 그렇듯 촬영장에 뭔가 재미있는 상황을 가져다줄 것 같았어요."

반스는 덧붙인다. "지금 여기 데이비드 보위의 〈우리 춤춰요Let's Dance〉가 연주되고 있다고 생각해 보세요. 비록 우리가 새벽 4시 30분부터 여기 있었고, 코르셋이 너무 꽉 낀다고 하더라도, 신나게 파티를 하고 있는 듯한 느낌이 들 거예요."

Chapter 9

영원히 행복하게

※

"I suppose marriage has always been an economic proposition. Even in fiction."

Jo March

"난 결혼은 항상
경제적인 제안이었다고 생각해요.
심지어 소설 속에서도."
—조 마치

장면을 점검하는 그레타 거윅 감독

파리 영지의 정원을 찾은 에이미와 로리

루이자 메이 올컷은 조에게 재미있는 짝을 맺어주겠다고 생각했을지 모른다. 그레타 거윅 감독 역시 고집 센 여주인공과 프리드리히 바에르와의 로맨스를 어떻게 묘사할 것인가에 관해 나름의 생각을 갖고 있었다. 우선, 프리드리히는 정말 근사한 사람이어야 했다. "티모시 샬라메에게 로리 역을 맡긴 이상, 조가 꼴찌상을 받는다고 느끼게 할 필요가 없도록 해줄 배우여야 했어요. 관객들이 로리가 훨씬 나은 선택이었다고 느끼게 하고 싶지는 않았거든요. 조가 이겼다고 느끼게 해줄 누군가를 찾아주고 싶었어요."

물론 그 대답은 루이 가렐이었다. 1869년 어느 날 오후, 조를 향한 절절한 마음을 품고 예고도 없이 마치 가족의 집을 방문하고도 자신의 마음을 솔직히 털어놓지 못하는 무척이나 내성적인 인물, 프리드리히 바에르. 거윅 감독은 조와 바에르 교수 사이의 로맨스에 다소 모호함이 깃들기를 원했다. 그래서 영리한 재해석을 내놓았다. 영화가 마지막을 향해 나아가는 동안 조는 사랑하는 사람들로부터 스스로의 마음을 따르고 프리드리히에 대한 감정을 받아들이라고 격려받는다. 그와 동시에 조는 자신의 책 속 여주인공을 미혼으로 남기는 것에 관해 편집자 대시우드 씨와 협상하면서 적지 않은 반대에 부딪힌다.

(왼쪽) 자신의 미래를 떠올려보는 조

두 개의 이야기 줄기가 교차하면서 관객들은 조의 동화 같은 결말이 어쩌면 남편과의 영원한 행복을 찾는 것이 아니라, 작가로서의 꿈을 실현하는 것은 아닌지, 궁금해하지 않을 수 없다. 거윅 감독에게 그것은 해석의 문제다.

"어떤 면에서 제가 책의 내용과 '올컷이' 쓰고 싶어했을 거라 생각되는 내용을 뒤섞고 있는 게 아닌가 싶었어요." 거윅 감독은 말한다. "올컷은 조가 결혼해야 한다고 생각지 않았죠. 올컷 자신도 결혼하지 않았으니까요. 올컷은 자신을 문학적인 독신녀라고 생각했고, 조를 자신의 연장선 위에 놓인 인물이라 생각했을 거예요. […] '올컷은 조를 결혼하게' 했어요. 하지만 나중에 쓴 다른 소설에서 올컷은 실제로 자신의 여주인공이 결혼하지 않도록 허락했고, 그게 올컷이 하고자 했던 얘기를 더 잘 표현한 것 같아요. 올컷은 그 시대의 특정 관습에 제약을 받았던 거예요."

대시우드 씨와 자기 원고에 대해 논의하는 조

SPENCERIAN

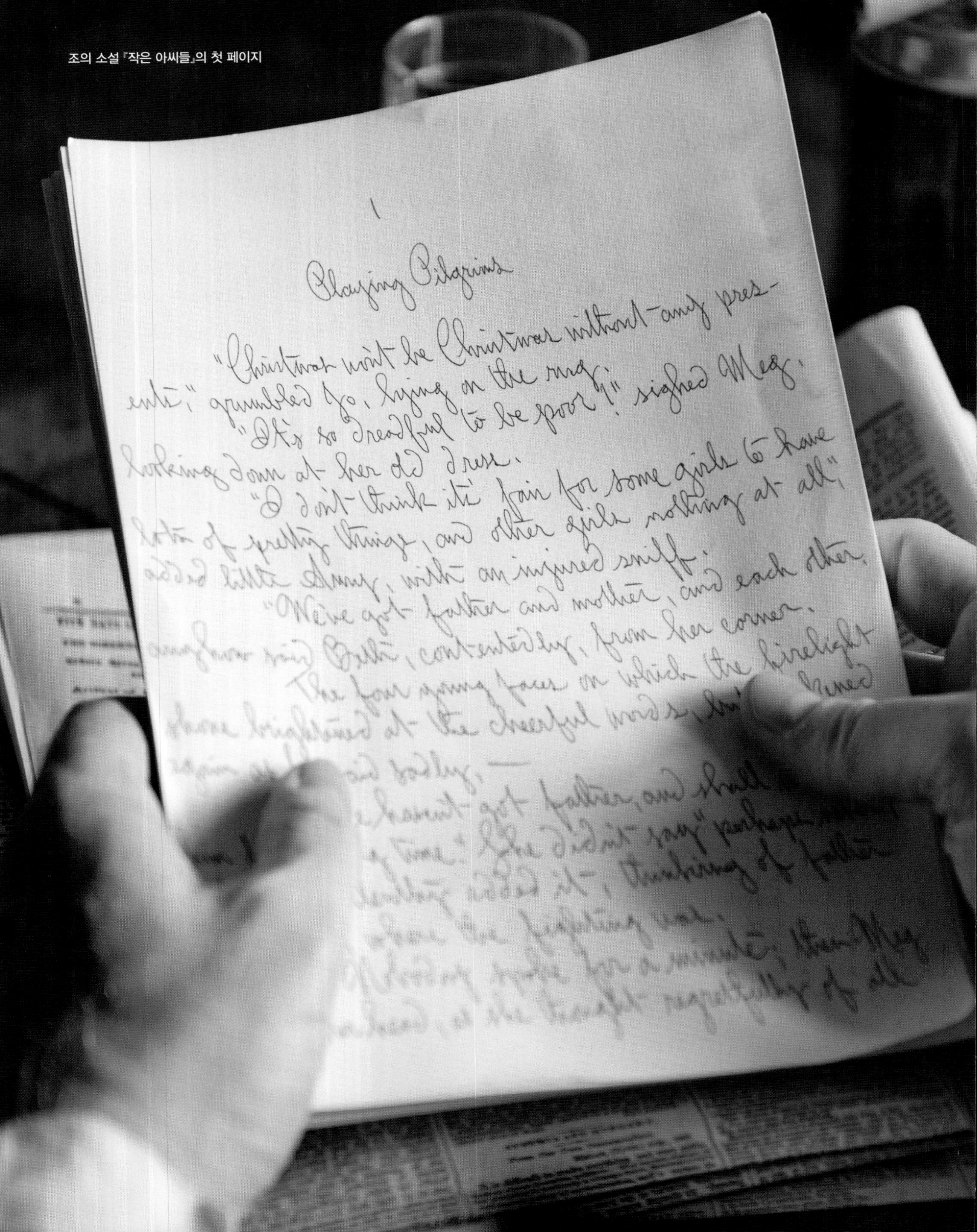

조의 소설 『작은 아씨들』의 첫 페이지

1

Playing Pilgrims

"Christmas won't be Christmas without any presents," grumbled Jo, lying on the rug.

"It's so dreadful to be poor!" sighed Meg, looking down at her old dress.

"I don't think it's fair for some girls to have lots of pretty things, and other girls nothing at all," added little Amy, with an injured sniff.

"We've got father and mother, and each other, anyhow," said Beth, contentedly, from her corner.

The four young faces on which the firelight shone brightened at the cheerful words,

조가 마치 대고모에게 상속받은 부동산에 세운 플럼필드 아카데미

"난 성으로 들어가기 전에 뭔가 굉장한 일을 하고 싶어.
영웅적이고, 근사한 일 말이야. 그래서 내가 죽은 뒤에도 잊히지 않게.
아직은 그게 뭔지 모르겠지만, 열심히 찾고 있는 중이니까
언젠가는 다들 놀라게 될 거야."
—조 마치

물론 거윅 감독에게는 그러한 제약이 없었고, 덕분에 올컷 순수주의자들뿐 아니라, 올컷이 조에게 원래 의도했던 결말을 줄 수 있기를 바랐던 사람들까지 모두 만족시킬 만큼 모호한 이야기로 강력하게 결론을 내릴 수 있었다.

이제 관객들은 마지막으로 1871년, 마치 대고모에게 물려받은 플럼필드에서 로리와 에이미의 어린 딸 베스를 포함한 사랑하는 사람들에 에워싸인 조의 모습을 보게 된다. 조는 플럼필드를 모든 배경의 소녀와 소년이 다닐 수 있는, 평등과 창의성에 전념하는 진보적인 교육의 장으로 바꾸어놓았다. 그녀는 어린 조카가 들고 와서 전해주는, 출판사가 보내온 포장된 소포 한 묶음을 받아 들고 글 쓰는 방, 자기만의 방이 있는 2층으로 올라간다. 그리고 소포를 풀어 처음으로 자신이 쓴 소설의 교정쇄를 본다. 가족에 대한 사랑의 헌사인 『작은 아씨들』을.

플럼필드 아카데미에 모인 마치 가족.
로리는 신생아 딸을 달래고,
존과 프리드리히는 미소를 주고받으며,
메그와 조와 에이미는 사랑하는
엄마, 아빠에게 케이크를 선물한다

옮긴이 전행선

연세대학교 영어영문학과를 졸업하고 영상 번역가로 활동을 시작하여, 디스커버리 채널과 디즈니 채널, 여러 요리 채널과 여행 전문 채널 등에서 240여 편의 영상물을 번역했다. 현재는 문학 전문 번역가로 활동하며, 에세이와 미스터리부터 고전에 이르기까지 다양한 작품을 소개하고 있다. 옮긴 책으로는 『무조건 행복할 것』, 『월든』, 『이니미니』, 해미시 맥베스 순경 시리즈, 『엄마와 함께한 마지막 북클럽』, 『전쟁 마술사』, 『예쁜 여자들』, 『환생 블루스』, 『지진 새』 등이 있다.

작은 아씨들 무비 아트북

1판 1쇄 발행 2020년 2월 12일
1판 3쇄 발행 2020년 2월 28일

지은이 지나 매킨타이어
사진 윌슨 웨브
옮긴이 전행선

발행인 양원석 **편집장** 김건희 **책임편집** 주리아
디자인 박진영, 김미선 **영업마케팅** 조아라

펴낸 곳 ㈜알에이치코리아
주소 서울시 금천구 가산디지털2로 53, 20층(가산동, 한라시그마밸리)
편집문의 02-6443-8904 **도서문의** 02-6443-8800
홈페이지 http://rhk.co.kr
등록 2004년 1월 15일 제2-3726호

ISBN 978-89-255-6817-1 (03680)